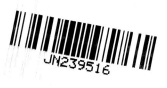

信州四季暮らし

第三章

第四章

*レシピに出てくる1カップは200㎖、大さじ1は15㎖、小さじ1は5㎖です。

*本書に出てくるデータは、2018年3月1日現在のものです。

ようこそ、我が家へ

「さあ、今一番おいしい野沢菜漬けと、手作り甘酒を召し上がってください」

子どものころから、私には好きな物語があります。『ロビンソン・クルーソー漂流記』『床下の小人たち』、そして、エクトル・マロ作の『家なき娘』です。それぞれの本の中に描かれている挿画に夢中になったものです。

当時の私は、『家なき娘』の主人公ペリーヌが小島で見つけた小屋での暮らしを描いた挿絵のページを、枕元に広げたまま眠るような子どもでした。そこには、彼女が空き缶で作った鍋やスプーン、草で編み上げた靴などが描かれていました。不幸で苦難なストーリーはそっちのけで、なぜだか、うらやましくて。

「ロビンソン」も「床下」のアリエッティ一家も同じ。主人公は皆、何かを工夫し、愉しんでいる。自分もそんな風に暮らしたい――そんな想いはずっと私の中に潜んでいました。

団塊と呼ばれる世代に生まれ育ち、いつも競争を強いられてきました。時代は高度成長からガラガラと変わり、食卓には洋風が入ってきて、常にあらがえない、大きなうねりの中で生きてきたように思います。

年を重ねた今、子育てが終わり、競争も、人と比べられることとも無縁の日々。私の中に潜んでいた子どものころの想いをそっと取り出してみると、「あゝ、私は今、あの挿絵の中にいるのかもしれない」と思えるのです。楽しいことばかり続くはずのない毎日、わずらうことの多い中であるからこそ、私の中に潜んでいたものを撫《な》で、大切にしていきたいと思うのです。

「甘酒のお代わりはいかがですか」

第一章 春から初夏

春の庭

立春、と騒ぐ世の中の声を耳に、「三寒四温」ではなく、「四寒二温」でしょ、とばかりに寒さで身をちぢめます。とかく、信州の春は遅いのです。だから、いまだかつて来なかったことはないのに、待って、待って、訪れたときの喜びは、ひとしお。

ふきのとうからよもぎの芽まで、植物たちの芽吹く姿は、長い冬の間にたくわえた力をここぞとばかりに一気に表現しているよう。「あら、今年も枯れずに芽を出してくれてありがとう。あなたはだれでしたっけ」。庭の木や草に座り込んでは話しかけ、春を一緒に喜びます。

特に毎年、小さな水鉢に帰って来てくれる蛙《かえる》に会った日は、十年日記に記しながら家人を呼びます。「また、来てくれたの。早く、早く、見に来て」と。あるとき好奇心旺盛な家人が、そっと身体検査。頭からお尻まで身長15cmもある。体重は３５０ｇ。あら、じゃがいも3個分。蛙は帰巣本能で、必ず生まれた場所に帰るので「かえる」というんだとか。旅に出た家族の無事帰宅や紛失物の発見まで皆、「かえる」に願って、「今年も一年お願いね」と。

蛙がたくさん産卵し、おたまじゃくしから成長した子どもも、目高《めだか》の水鉢に戻ってくれますように、と願うのも春の庭です。

庭と一体の台所

気がついてみると、我が家の庭は、台所で役に立つものでいっぱいになっていました（もともとは私自身が植えたのですが）。といっても、なすやきゅうり、トマトなど、台所ですぐに調理できるような野菜が植えられた庭ではないのです。ただ、季節ごとの彩りを添える葉っぱや草、黒文字代わりに使える木々があるだけなんだけれど、これが実にうれしく、愉しいのです。まるで、昔のおままごとをしているような。葉の上には泥だんごがのり、たんぽぽがちょこんと添えてあったあの頃と違い、今は「食べられるんだ」と、独り笑っています。春は新緑の芽、初夏には青々とした葉、秋の紅葉には栗羊羹《ようかん》を、と。

柏、柿、ポーポー、山椒、月桂樹、桑、梅、黒文字、葉蘭《はらん》、みょうがの葉、ふき、山茶花《さざんか》、椿、朴《ほう》、山ぶどう、など。名前を並べてみると、数の多さにびっくり。枝葉は食卓に持ち込み、お皿代わりに使ったり、包んだりできる、重宝なものばかりです。食べられる果実の実る葉や枝だけを使うと決め、用心に用心を重ねています。愉しいおままごとが台なしにならないために。ほかには、黒竹も加わり、枝はつまようじや黒文字代わりに削り、山椒の太めの枝はすりこ木にと早変わりします。

昔、母は秋刀魚や鰯《いわし》を焼くと、必ず朴葉の上に座らせて食卓へ運び、食べ終わると、そのまま家畜のところへ持っていきましたので、お皿も汚れませんでした。木曾地方では、油揚げを買うと、朴葉に包んでくれたんですって。絵になるような風景ですね。

食事作りをしながら、「ちょっとあの葉を」とか、「この肉は月桂樹の枝に刺して焼こう」と考えます。急なお客さまには、大きな山ぶどうの葉に保存食を並べ、とりあえずの酒肴で急場をしのぐのはお手のもの。三歩くらい歩いて、庭でポキッ、チョキン、はい、でき上がり。このスピードは、庭と台所が一体でなくては。また、私の手が届く範囲のせまさが心地いいんです。せまく、密集していればこそ、緑は深まりを増し、ほっとしつつ、「あなたは重宝でありがたい庭」と、四季ごとにほめちぎっています。

ふきの葉包みごはん

庭の山ぶきでごはんを包み込み、茎の筋を引いて、きゅっと結びます。包んだごはんは、くちなしを入れて炊き、最後にふきの葉の佃煮をきざんで混ぜたもの。ふきの香りに春らしい黄色がよく合います。

アスパラ白あえ

材料（4人分）

アスパラガス（細め）……200g
豆腐……200g
金ごま……大さじ2
薄口しょうゆ……大さじ1

作り方

1 豆腐はさらしで包んで重石をのせ、30分ほど水切りする。

2 アスパラガスは根元のかたい部分を切り落とし、たっぷりの水で歯ごたえが残るようにゆでる。ざるにあげ、4～5cm長さに切る。

3 金ごまは炒り、すり鉢で半ずりにする。1を加え、つぶしてすり混ぜ、しょうゆで味をととのえる。2を加えてあえる。

きゃらぶき

材料（作りやすい分量）

山ぶき（葉は除く）……300g
ごま油……大さじ1
水……120mℓ
酒……30mℓ
しょうゆ……40mℓ
砂糖……38g

作り方

1 山ぶきは4～5cm長さに切り、洗ってうぶ毛を落とし、水切りする。

2 鍋にごま油を中火で熱し、1を炒める。油がしっかりまわったら水を加え、ふたをして柔らかくなるまで煮る。酒、しょうゆ、砂糖を加え、全体を混ぜながら煮詰める。

菜の花ごはん

材料（4人分）

菜の花……1束（200g）
十六穀米ごはん*……茶碗4杯分
菜種油……小さじ2
薄口しょうゆ……小さじ2
粗びき黒こしょう……適量
＊米2合に十六穀米大さじ2を混ぜて炊いたもの。

作り方

1 菜の花は3cm長さに切る。
2 フライパンに油を熱し、1の茎を入れて1分ほど炒め、穂先を加えてさっと炒め、しょうゆで調味する。
3 器に十六穀米ごはんをよそい、2を盛り、好みでこしょうをふる。

着物の愉しみ

一年のうち、３００日くらいは着ているほどの着物好きです。仕事用、自宅仕事用など、一日で、２度着替えることもあります。小紋のような高級品よりウールやデニム素材など、手入れも簡単な単衣物が好みです。着物は単衣を着る時期と、袷《あわせ》を着る季節が決まりごととして定められていますが、現代は室内も温かく、秋冬に単衣を着てもけっして寒くありません。かえって動きやすいものです。それに単衣とはいえ、洋服より、よほど重ね着です。帯はそれに伴い、半巾が好きで、帯締め、帯揚げ、帯枕も不要ですから、列車や車の移動にもすっきりします。

一枚の着物でも、半襟や帯の色で、がらっと印象が変わるのも、うれしいことのひとつです。半襟は、洋服の残り布や、昔の着物の古布を使って、「切るだけのコレクション」を愉しんでいます。台所仕事には、割烹着が必需品で、着物との色柄合わせを愉しむことができ、そのうえ、包み込む温かさがあります。お出かけ用の着物には、私の遊び紋の印である「瓢《ひさご》」が縫ってあります。そこに定まるまでは、呉服屋で江戸時代からあるという3～4㎝もある厚さの紋帳から、「鶴梅」を選んでいたのですが、失敗。おめでた過ぎて、季節があり、通年使えません。そこで、季節を選ばない瓢に決定。

上／帯は、バリ島の古布の切りばめのものがお気に入り。右下／洗濯ができる、濃紺のデニム生地の単衣や、いくつも持っているラオスの生地の半巾帯、下の２着はウールの単衣。左下／着物で車に乗り、買い物に行きます。かごは自然素材のものが多い。

京都の呉服屋に、大きさと色を選んでいただき、以来、とても気に入っています。たまにいただく「珍しい家紋ですね」との質問に「いえ、遊び者(紋)です」と答えています。

着物には、いろいろな要素が秘められており、先人の知恵と遊び心には驚くばかり。これからも、ひもときつつ、近づきたいと願っています。

宝石箱には真珠などを中心に。帯留めも可愛いものを集めています。

上と左下はデニムの単衣。右下はウールの単衣。帯はいずれも、バリ島の古布のもの。

上はシルクの単衣にバリ島の古布の半巾帯を合わせて。下はウールの単衣。

私の台所

夫の現役時代は、よく転勤をしました。そのつど、私たち家族は同行の繰り返しです。「はい、この家で」と、決められた社宅にあまり文句もいえないまま住んだものです。「今度は、ここか」とつぶやきながら、日常はその日から始動です。そのうち、「どうせ暮らすのなら私好みに」という思いがむっくとわき上がり、家具の位置を変え、戸やレールを外して一室にしたり。新築のマンションより、ちょっと古めかしい小さな一軒家のほうが、頭の中に思い描いていたことを実行に移しやすく、楽しい家になりました。よくある、調理台、流し、コンロが一直線に並ぶ台所の壁一面に、すのこを取り付け、鍋、かご、フライパンなどの調理道具を吊り下げ、使いやすい台所をつくり上げたものです。いま考えると、転勤暮らしが現在の私を育ててくれたと思うのです。

夫の定年の少し前、現在の住まいを新築すると定まったとき、転勤で学んだ不便な台所への思いが一気に噴き出しました。設計中、システムキッチンが入りきらずに、ぽっかり空間ができることを知り、大喜び。戸も付けず、そのままにしてもらいました。中には棒を渡して手作りフックにして、調理道具の吊り下げ場所を確保。れんがを台に柵を作り、汚れると、新しい板に

台所の引き出しのひとつには、手作りふきんをたっぷり収納。使ったら洗剤入りのバケツに入れていき、たまったら洗濯機へ。毎月１枚は新たに作ります。

替えて。システムキッチンには手を加えることができない不自由さがありますが、この自由な空間は、なんと機能的なのでしょう。

流しには、はみ出したまな板を支える棒が欲しくて、随分探しました。どれも気が向かず、庭の黒竹を切って4、5本を編み込み、入れてみると、ぴったり。だれもが「まあ、素敵」と褒めてくれます。ステンレスの無機質素材と異なり、天然竹は、なんと愛想のあることでしょう。私の好きなざる、かご類は、ちょっと上のほうへ釘を打ち付けて吊り下げます。釘も韓国産の洗練され過ぎていない武骨さのある品と、京都のちょっと上品な物を使い分けました。

初めて自分の設計した私好みの台所に立ったときは、欣喜《きんき》雀躍《じゃくやく》。台所は、一日のうちのほとんどの時間を過ごす、大好きな場所です。

箸置きが大好きでたくさん持っていて、引き出しのひとつにまとめて収納しています。左ページは、階段下の収納庫。床下収納になっていて、ひんやり。

ROQUETTE

上の吊り下げ収納は、見やすく取り出しやすく、便利。下は、手作りのスパイスラック。

右上は旅先で求めたさじ。左上は、アジアのフードカバー。下は引き出し式の重いものを置く台。

たけのこの佃煮

材料(作りやすい分量)

たけのこ(あれば淡竹《はちく》)……1kg
昆布……30g
山椒の葉(木の芽)……ひと握り
山椒の実(生)……大さじ2
しょうゆ……150mℓ
みりん……100mℓ

作り方

1 たけのこは米ぬかでゆでてあくを抜き、皮をむく。半割りにし、1cm幅にきざみ、鍋に入れる。

2 昆布は幅5mm×長さ2cmに切り、山椒の葉と実とともに1に加える。

3 しょうゆ、みりんを加えて弱火にかけ、ときどき混ぜながら煮詰める。

春から夏の保存食

ふきのとうから始まり、よもぎ、のびるが芽を出すころ、信州では遅い春が到来します。一月から数カ月、大地とともに、じっとしていた私たちは「うれしいね」とばかりに動き出します。そして、いよいよ毎年の保存食作りが始まります。ふきのとうやのびるは、しょうゆ糀漬け、よもぎはゆでて冷凍。八重桜が咲きはじめると、さしす漬けを作ります。

我が家の庭に来ては、椿や梅の花芽をついばむ鳥を「ひどい」といいながら、桜の花を何キロも採ってしまう私はもっとひどい、と反省しつつ、さしすに漬けます。新しょうがもこの時期。これもやっぱりさしす漬けに。梅のエキスにはとても力があって、仕上がりは味とともに上々です。里山のほうでは、根曲がり竹が伸びはじめ、淡竹も山を覆う勢いです。瓶詰めにしたり、米ぬかでゆでて煮物にしたり。残りは佃煮です。時を同じくして実った、まだ青い山椒の実、干ししいたけ、昆布と煮詰めて。この時だけの、出合いものの食材だと思うと、一日延ばしにできない、これを逃すと一年食べられない、という思いが体を動かします。

梅のさしす漬けとさしす

材料（作りやすい分量）

完熟梅……1kg
砂糖……300g
塩……100g
酢……800mℓ

作り方

1 梅は洗ってヘタを取り、水けをふき取る。

2 全材料をガラスかホウロウの容器に入れて漬け込む。

3 夏の土用のころに漬かった梅を取り出し、三日三晩、天日に干す。できたものが、梅のさしす漬け。残った漬け汁がさしす。

新しょうがのさしす漬け

材料（作りやすい分量）

新しょうが……250g

さしす（P.31）……200mℓ

作り方

1 新しょうがは皮付きのまま薄切りにし、熱湯でさっとゆでる。ざるにあげ、ボウルなどに入れる。

2 1が熱いうちにさしすをかけ、粗熱が取れてピンクになったら、保存容器に移す。

塩豚

材料(4人分)

豚肩ロース肉(ブロック)……400g
塩……大さじ1
イタリアンパセリ……適量

作り方

1 豚肉に塩をすり込み、冷蔵庫にひと晩おく。

2 室温に戻し、しみ出した水分をふき取り、200℃に予熱したオーブンで30分ほど焼く。

3 オーブンから取り出し、しばらくおいて肉の状態を落ち着かせてから、薄切りにする。

4 器に並べ、ざく切りにしたイタリアンパセリを添える。

桜のおこわ

材料（4人分）

もち米……2合
桜のさしす漬け（P.35）……適量
さしす（P.31）……大さじ4

作り方

1 もち米は洗い、ひと晩水に浸す。

2 1をざるにあげて水けをしっかりきり、鍋に入れる。さしすに水を足して150mℓにし、鍋に加えて火にかける。底から混ぜながら、水分を吸わせる。

3 もち米が水分を吸ったら、さらしを敷いた蒸籠に移し、全体に広げ、ふたをして15分ほど蒸す。蒸し上がる5分前に、桜のさしす漬けを1輪ずつにばらして散らす。

桜のさしす漬け

材料

八重桜……適量
塩……桜の重量の30％
さしす（P.31）……適量

作り方

1 八重桜はさっと洗い、水けをきってボウルに入れる。塩をまぶし、重石をしてしばらくおく。

2 水が上がったら絞り、さしすに浸して塩を落とし、軽く絞る。

3 保存容器に入れ、新たなさしすをたっぷりとかけて冷蔵保存する。

＊冷蔵庫で１年保存可能。

桜湯

茶碗に桜のさしす漬け（上記）を２輪入れ、熱い湯を注いでお客さまへ。塩けと酸味、そして桜の香気が愉しめます。

赤大根のぬき粕漬け

材料（2人分）

赤大根（または大根）……１本
塩……大根の重量の２％
ぬき粕（P.80の奈良漬けを
　漬けたあとに残った粕）……適量

作り方

1 大根は洗い、皮をむかずに塩をまぶし、１時間ほどおく。

2 水分が出たら水けをふき、ぬき粕に１週間ほど漬ける。切り分けていただく。

文箱

家の中に、とてもお気に入りの場所があります。そこには時代物の机がひとつ。座ると、窓のすぐ近くに黒竹がまっすぐに立ち、その根元に四方仏の水鉢が佇んでいるのが見えます。机は、姑が女子大時代に使っていた品です。その上に堆朱《ついしゅ》の文箱を置き、中には太字の万年筆。ボールペンは字の癖や下手さがあらわになり、使い捨てなのも気になります。竹筆やガラスペンは、パソコンやスマートフォンにはない、「それで書きました」の個性が愉しくてなりません。

便箋は私個人の名入れを、松本の紙屋さんにお願いしています。日付は、いつも旧暦読みの印を押し、「如月、ああ二月ね」と感じてもらえるように。住所印も鳩居堂で面白い形を見つけ、彫ってもらいました。シンプルな便箋には、花びら型、梅型、稲型のしゅっとした葉柄など、季節の印を散らします。これらはただ、自分が愉しいからしているだけのこと。好きな切手を貼って、さあ投函。こんな手紙を受け取った人は、パソコン全盛の時代に古臭いと思うかしら。

封筒はいつも手作り。しゃれた絵柄の包装紙を取っておいて、型紙を当てて切り抜き、貼り合わせます。この柄をどう生かそうかしら、と思案する時間の愉しいことといったら。

ink

上は手紙を書くときのセット。便箋は名入り。下はお気に入りのペンや筆。

愛しの台所道具

毎日、三度三度の食事には、凝った調理はまったくしません。煮る、焼く、蒸す、炒める、揚げる、生で、そして漬物のように醸す――どれか一工程だけ、素材に手を加えるようにしています。そうすれば、食材のおいしさや形を損なうことがありませんし、しかも手軽です。

そんなときの仲間が、台所道具です。まな板には特に思い入れがあり、地元の木を森林組合で切ってもらっています。丸くて、木の皮が付いていたり、割れ目が入っていたりしますが、「これは○○の銀杏だよ」なんて素材を教えていただくと、一段と愛着がわき、おいしさが増します。まな板も、すり鉢、すりこ木も皆、減るもの。そして、すべて私たちの体に入ります。でも、正しい調理道具は安心で長持ちします。おろし器も、鬼おろしは大好きで木製と竹製、全部で3個持っているという欲張りぶり。スライサーは、信州では「センゾツキ」と呼ばれ、木製の、刃がしっかりしている品です。大きなかぶも、シュッシュッとおろすと、よい仕上がりに。ちょっと高価ですが、料理の出来栄えを見ると、結局は安上がりですね。

昔求めた、有次の千枚漬け用のスライサー。よい道具は出来上がりを見ると、お安い買い物です。左ページはフランス製のクーザンスの大鍋。30年以上のつきあい。

まな板とはかりとペッパーミルは日当たりのよい場所に。銅鍋は各種そろえています。

鉄分が摂れる鉄製品を愛用。土鍋は作家ものや土楽のものがお気に入り。

地元長野の竹製品と蒸籠。コーヒーフィルターが最近仲間入り。右下は鍋敷き。

すり鉢を使って

春菊のごまあえ

材料(4人分)

春菊……250g
金ごま……大さじ2
味噌……大さじ1
みりん……大さじ1
蜂蜜……大さじ1

作り方

1 春菊はさっとゆでて水けを絞り、2cm幅に切る。
2 ごまは煎り、すり鉢で半ずりにし、味噌、みりん、蜂蜜で味をととのえる。
3 2に1を入れてあえ、すり鉢ごと食卓へ。

杏のさしす漬け

「さしす」といえば、砂糖、塩、酢で、「せ」は、しょうゆと調味料を加える順番のことですね。私のオリジナル「さしす梅漬け」は、やはり、砂糖、塩、酢の中に梅をドボンと入れ、漬けるだけの失敗なし、お手軽梅漬けです。残った汁を「さしす」と呼び、おすしやドレッシングなどに使える、一粒で二度おいしい梅漬けです。

私の住んでいる場所は「杏の里」と呼ばれるほど、杏畑が多くて「杏花台」という地名もあるくらい。そこで、梅の代わりに豊富な杏を「さしす」に漬けたところ、びっくりするおいしさなんです。杏は、ジャム、シロップ煮などが一般的ですが、デザート系の洋風に仕上がるものばかりなのが残念でした。さしす漬けは、食事のお供、お茶請けの漬物用として保存したいな、という私の思いを、しっかり受け止めてくれました。梅ほどの酸味がないので、砂糖も少なめで、漬け汁も「トマトにかけるだけ」、などの使い方をしています。種の杏仁も貴重な漢方薬ですから、干して大切に保存。捨てるところのない杏。ありがたい実です。

杏は出合いもの。地場産コーナーで見つけたら、必ず求めるようにしています。金気を嫌うので、包丁を使わず手で半割りにするのがポイントです。

杏のさしす漬け

材料（作りやすい分量）

杏……2kg
砂糖……400g
塩……100g
酢……1200mℓ

作り方

1 杏はようじでヘタを取り、洗う。水けをふき取り、手で半分に割り、種を取り出す。

2 保存瓶に1を種ごと入れ、上から砂糖、塩をふり、酢を注ぐ。ふたをして冷暗所で夏の土用まで漬ける。途中で、ときどき上下を返す。

3 土用のころに、漬かった杏を取り出し、三日三晩、天日に干す。できたものが、杏のさしす漬け。残った漬け汁が、杏のさしす。遮光瓶に詰め、冷暗所で保存する。

手仕事の愉しみ❶

手作りようじ、すりこ木

市販のすのこを求め、切ったり取り付けたりするほど、ＤＩＹが大好きで、のこぎりやとんかちもたくさん持っています。特に、姑の持っていた大小さまざまなとんかちは、デザインに優れ、飾っておきたいほどです。こんな私ですから、庭の小枝を小刀で削るなんて作業は、お手のもの。市販のようじの機械的な精密さが、私の手作り菓子や漬物にはどうも合わず、自分で削るようにしています。

使うのは庭にある黒竹、黒文字、梅、杏、柿、桑、柏、朴、山椒など。食べられる果実の木を吟味します。月桂樹は焼き肉の串にと、和、洋を使い分けながら。黒文字代わりのようじばかりではなく、取り箸も、とても好みのものができます。庭の山桜の枝に、一枚の葉や花芽を残したまま取り箸にすると、季節感が出て、食卓も華やぎます。ちょうど、山菜も豊富な時季ですので、山菜料理に添えたり。少し曲がり気味の箸になっても面白がってお皿に添えています。山椒は小さなすりこ木にした残りを余さず、ようじにし

ますが、口に運んだあとのさわやかさがとてもいいのです。薬用にも使われる木と知り、このようじは体にもいいはずと、好んで使っています。

　お弁当の仕切りには、小さな葉をよく使います。庭の柿や桜、檀香梅《だんこうばい》などの葉をくるっと丸めて小枝で留め、豆や銀杏、漬物を入れて、おかずとして隅っこに。青葉のときも紅葉のときも、そのときの色のまま、丸めてごはんのお供を入れます。

つまようじは、細い枝に若芽を付けたまま作ります。オードブルのピックに使ったり、庭から取ってきた葉をくるっと丸めて留めてみたり。葉の中に料理を入れて、大皿にたくさん盛ると、素敵なおもてなしになります。

黒竹で作る、黒文字代わりのようじ

作り方

1 庭から、ほどよい細さの黒竹の枝を切ってきて、枝ぶりを見て、どちらを上にするかを見定める。

2 節の少ないところを選び、花ばさみで10cmほどの長さに切る。

3 小刀でえんぴつを削る要領で、端を削ってとがらせる。

4 黒文字代わりのようじのでき上がり。茶菓子を食べるのに使ったら、捨てずに洗い、先を新たに削り出してまた使う。

細めのものは、持ちやすく、とても使いやすい。山椒のよい香りがします。

山椒の木のすりこ木

作り方

1 庭からほどよい太さの山椒の木を切ってきて、向きや曲がりぐあいを見定めて、使いやすそうな部分を25㎝ほどの長さに切る。

2 小刀で端を丸く、なめらかに削る。

残った木屑は茶香炉で焚いて、季節の香りを愉しみます。自然の香りに、心が安らぎます。

第二章 盛夏

夏の庭

我が家の庭の常緑低木は、沈丁花《じんちょうげ》に金木犀、椿類に月桂樹などで、あとは落葉樹ばかり。それらの木々は、春から夏にかけてたくさんの葉を茂らせ、庭いっぱいになり、日陰とともに涼しさを家中に運びます。冬は一斉に裸木となり、部屋の隅まで太陽が温めてくれます。落葉樹はなんと役に立つことでしょう。

蔓性《つるせい》の植物も大好きで、夏はいたる所に植えてある蔓性の植物が、枝葉を伸ばします。朝顔から始まり、寒い冬でもめげない定家葛《ていかかずら》、木通《あけび》に郁子《むべ》、時計草、美男葛。宿根草《しゅっこんそう》の唐花草《からはなそう》や草ぶどう、へくそ葛も好きです。中でも、山ぶどうはとても大事にしているもののひとつ。皆、やわらかな新芽の先をふらふらと伸ばしながら、きちっと自分の場所を定める力強さがとても素敵で、人間の私もあやかりたいと思うほど。そんな蔓たちも加わり、夏の庭は一層、緑の膨らみを増し、花から実へと、愉しみは募るばかり。庭の木陰では、目高が水鉢の中で遊び、水草も青く伸び伸び。目高の産卵が確かめられたりする中、我が家の主、蛙がドボンと水浴び。元気のある小さな生き物たちと過ごせるのは、とてもうれしい日常です。

部屋の模様替え

現在の家に暮らしはじめて30年。途中、夫の転勤で留守にした時期もあったけれど、この家は、じっと黙ったまま、家族のすべてを受け入れ、見守ってくれました。当たり前のことですが、夫も子どもも、私の思うまま、というわけにはいきません。でも、この家だけは、私のなすがまま、文句のひとつもいわず、私のわがままを通してくれています。自分が心地よい場所にと、努めれば努めるほどにこたえてくれます。知り尽くしている家の隅々、そこここに、私の大切な布が、あそこには糸が——そう思うだけで、ほかで暮らすことなど考えられないほどに、惚れ込んでいます。

私には、夫という連れ合いはいますが、それにも負けず劣らずのパートナーです。夏、「暑い」といえば、板戸から簾戸《すど》に替え、簾《すだれ》を南側と東側に下げます。冬用のじゅうたんは巻き上げて、テラスで天日干し。どこか「痛い」といえば、手当てし、「もうだめ」と壊れたら取り替えます。これからも、季節とともにする模様替えは、大切なパートナーへの礼儀かと思っています。

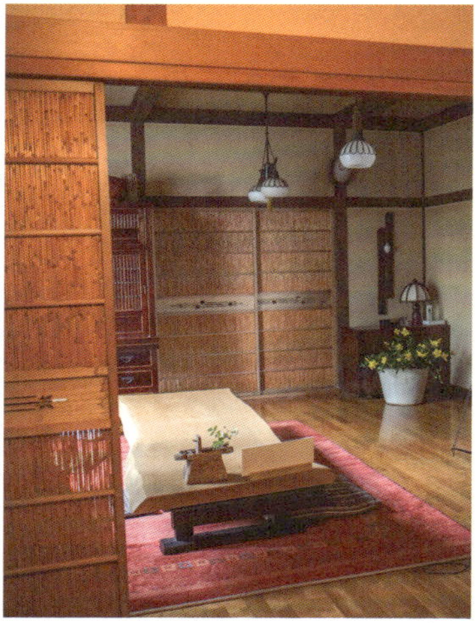

左上の写真が、冬のダイニングスペース。じゅうたんの上に座卓を置いて過ごしています。夏になると座卓とじゅうたんはしまって、テーブルを据えます。

やたら

材料（作りやすい分量）

きゅうり……2本
なす……2本
みょうが……7個
赤唐辛子……1本（好みで調節する）
ピーマン……2個
野菜のぬか漬け、粕漬け、味噌漬けなど
……100g
削り節……適量

作り方

1 赤唐辛子とピーマンは種を除き、そのほかの野菜とともに5㎜角にきざむ。

2 漬物も5㎜角にきざみ、1と合わせる。漬物は家にあるものでよく、その味が調味料代わりになる。

3 削り節を加え混ぜる。量は、野菜の水分をちょうど吸い込む程度に調節する。

信州サーモンの昆布締め

材料（作りやすい分量）

信州サーモン（刺し身用）……1さく
昆布……2枚
酢……少々
やたら（左記）……適量

作り方

1 昆布は、酢で軽く湿らせたふきんでふく。

2 信州サーモンを1で挟み、冷蔵庫でひと晩おく。

3 昆布から取り出してそぎ切りにし、器に盛りつけ、やたらを添える。

きゅうりの粕もみ

材料（2人分）

きゅうり……2本

塩……きゅうりの重量の2%

酒粕……50g

砂糖……大さじ½

作り方

1 きゅうりは薄切りにし、塩でもむ。水分が出たら絞る。

2 酒粕と砂糖を混ぜ合わせ、1をあえる。

葉使いの料理

山国育ちの私は、山で川の水を飲んだり、木の実を食べたりするのが当たり前の環境で育ちました。コップ代わりに、ふきの葉を丸める。箸は、芒《すすき》をチョキン。いまでも七夕には、芒で麺を食べる風習が残っています。幼いころ、「毎日、このお箸で食べたいな」と思ったものです。

信州には、葉を使ったたくさんの郷土料理があります。どれも葉に抗菌作用があることを知ったうえでのおいしいものばかりです。北信濃には、かの上杉謙信も召し上がったといわれる「笹ずし」、木曾地方には「朴葉ずし」、乗鞍には「ぶどうの葉ずし」など。朴葉は、おすしのほかに有名な「朴葉巻き」という餅も、五月、六月には登場します。信州のそんな習慣が私の庭にも根づき、食卓で使える葉ばかりが育っています。さまざまな葉使いのおすし作りはもちろんのこと、柿の葉はおすしのほかにも、和菓子の引き立て役のお皿に。急な来客には、大きな朴葉や山ぶどうの葉の上に、3品ほどの酒肴を並べてとりあえずの急場しのぎに。堂々と季節の演出をしながら、保存食もおいしそうに見え、一石二鳥。ありがたい葉たちです。

山椒の実の
しょうゆ漬けの作り方

山椒の実は、洗って水けをふき取り、保存瓶に入れる。しょうゆをひたひたに注ぎ、味が出るまで漬ける。冷蔵庫で1年ほど保存できる。

くちなしごはんの山椒のせ

材料（4人分）

米……2合
くちなしの実（乾燥）……3個
山椒の実のしょうゆ漬け（左記）……適量
朴葉……1枚

作り方

1 米は洗って浸水し、ふだんどおりの水加減で炊飯器の内釜に入れる。

2 くちなしの実はたたいてひびを入れ、1に加え、白米と同様に炊く。

3 朴葉の葉は洗って軽くふき、かごに敷く。2をよそい、山椒の実のしょうゆ漬けをのせる。

くちなしの実は、黄色の天然染料。漢方では、山梔子（さんしし）として用いられます。

梅と鮭の柿の葉ごはん

材料(4人分)

梅ごはん

梅漬け*を赤じそごときざんだもの……大さじ2
温かいごはん……200g

鮭ごはん

塩鮭(切り身)……1切れ
金ごま……小さじ2
温かいごはん……200g

柿の葉…適量

*干さずに作る、梅の赤じそ塩漬け。梅干しでもよい。

作り方

1 梅ごはんを作る。きざんだ梅漬けをごはんに混ぜる。

2 鮭ごはんを作る。塩鮭は魚焼きグリルで焼き、身をほぐす。ごまはから煎りする。これらをごはんに混ぜる。

3 柿の葉は水で洗い、軽く水けをふき取る。葉に、1または2を45gずつのせ、半分に折りたたんで挟む(ごはんの種類が見分けられるよう、梅は表巻きに、鮭は裏巻きに)。

4 3をすし桶に並べ入れ、重石代わりに皿を何枚か重ねてのせる。葉がごはんになじんだら、でき上がり。

*柿の葉の殺菌作用で、次の日もおいしいまま。

レタス巻きごはん

材料（1人分）

温かい十穀米ごはん……100g
きゅうりのぬか漬け（みじん切り）……大さじ2
レタス……2枚

作り方

1 レタスはさっとゆで、冷水に放って余熱を断ち、水けを絞る。

2 ごはんにきゅうりのぬか漬けを混ぜる。

3 レタスを広げ、手前に2をのせて包む。

4 三等分に切る。

＊卵焼きなどのおかずを添えておべんとうに。ごはんに混ぜるのは、佃煮などでもよい。

秋刀魚の味噌漬け焼き

材料(4人分)

秋刀魚……250g

味噌……大さじ2

山ぶどうの葉……1枚

作り方

1 秋刀魚は頭付き、腹ワタ付きで使う。漬けやすいように半分の長さに切り、味噌を全体にぬり、ジッパー付き保存袋に入れて冷蔵庫でひと晩漬ける。

2 袋から取り出し、2〜3等分の筒切りにする。味噌付きのまま、魚焼きグリルで焼く。

3 山ぶどうの葉は洗って軽くふき、皿に敷いて2を盛る。

＊食べ終わったら、骨や頭を葉でそのまま包み、庭に埋めてコンポストに。

使い切る暮らし

日々使う道具は、すべて自分で選んで買った大切なものです。それらとともに暮らしていると、家にいることがとても快適です。庭で使っていたブリキのバケツに穴があいたので、底にネットを敷き詰め、土を入れ、植木鉢にしました。取っ手があるので移動も簡単。たっぷり土が入るので、花も生き生き。そこに与える水はすべて雨水です。花も野菜たちも、塩素を含む水道水より雨水が大好き。だから、家の四方にある雨どいに注ぎ口を付けて、大きなかめにためておきます。こうすると、雨が降るのも待ち遠しくなったりします。

大きな野菜、キャベツ、白菜などは、丸ごと買いです。生で食べるのはもちろん、たとえ一夜でも漬けて保存に。大根、にんじんなどは、ピクルスや干し野菜もいいですね。魚や肉は、２５０ｇに大さじ2杯の味噌で漬ければ1週間は大丈夫です。生ごみには発酵を促進させるボカシをかけて土に戻します。自然は、私たちがどうすることもできないものです。寄り添いながら、家の周りで無駄なく、いろいろが循環している暮らしは、ちょっと気分のいいものです。

自然の草木は雨水が好き。大きなかめをポーチの柱の両脇に置いて、雨水をためています。柱に伝わせた雨どいの先に、金属のこぎりで切って手製した注ぎ口を取り付け、雨水を誘導する仕組み。

右／焼き魚の頭や骨などの生ごみは、庭木の根元に埋めてコンポストに。
左／土地の露地野菜は自然からの贈り物。残ったら干し野菜にして使い切ります。

人工香料は身のまわりに置かず、天然の草木製のにおい粉や防虫香を布袋に詰めて使用。

みかんの皮を乾燥させた自家製陳皮。茶香炉で焚いて、さわやかな天然消臭剤に。

水を汚さないよう、地元の福祉施設で作られた廃油石けんと漁網で食器洗い。

コーヒーかすを乾燥させ、トイレに置いて脱臭剤に。ペーパーはもちろん無香料。

キャベツ1個を使い切る

キャベツのぬか浅漬け

材料(作りやすい分量)

キャベツ……½個
にんじん……50g
生ぬか……100g
塩……野菜の重量の2%

作り方

1 キャベツとにんじんはせん切りにし、ボウルに入れて塩もみし、しばらくおく。

2 ぬかは、さらし(またはガーゼ)の袋に入れる(または包む)。

3 1の水分が上がったら、2をのせて、表面全体を覆うように平らにならす。重石をして冷蔵庫で半日ほどおく。

4 ぬか袋を取り、野菜を混ぜてほぐす。

*上にぬか袋をのせるだけの簡単ぬか漬け。

キャベツ1個を使い切る

さしすのコールスロー

材料（作りやすい分量）

キャベツ……½個
赤玉ねぎ……¼個
赤ピーマン……½個
緑ピーマン……1個
さしす（P.31）……50mℓ
こめ胚芽油（または菜種油）……小さじ2
塩……野菜の重量の2%

作り方

1 キャベツはせん切りに、赤玉ねぎは薄くスライスする。ピーマンは半分に切って種とワタを取り、せん切りにする。

2 1をボウルに入れて塩もみし、しばらくおく。

3 2の水分が上がったら、さしす、こめ胚芽油を順に加えて、そのつどあえる。

奈良漬け

材料(作りやすい分量)

白瓜……2.5kg

酒粕……2kg

塩……瓜の正味重量の10%+5%

砂糖……瓜の正味重量の8%+酒粕の10%

作り方

1 白瓜は両端を落とし、半割りにして種とワタを取り除き、重量を量る。その10%の塩を全体にぬりつける。

2 かめに1を寝かせて詰め(背と腹が重なるように)、重石をして冷暗所で3日間漬ける。

3 しみ出した水分で瓜を洗い、水けをふき取り、今度は5%の塩で2日間漬ける。

4 3と同様に洗ってふき、8%の砂糖で3日間漬ける。

5 酒粕に、その10%の砂糖を加えてよく練り混ぜる。

6 4の瓜の水けをふき取る。かめの底に5をぬり、瓜のくぼみにもぬり、背を上にして詰める(瓜と瓜の間に、必ず5が挟まるようにする)。最後に5を厚めにぬって覆い、和紙などで目張りする。1カ月後からが食べごろ。

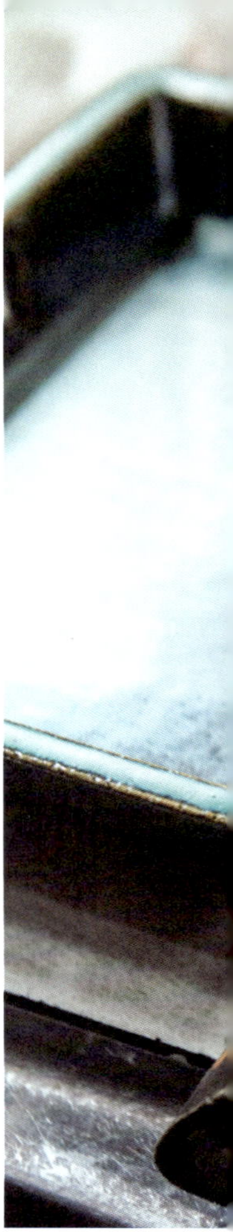

夏の保存食と常備菜

杏にらっきょう、梅仕事を終えると、いよいよ本格的な夏。信州では一年で一番、食材が豊かな時期です。梅雨をいっぱい吸って太陽を浴びた野菜は、ぐんぐん生長し、なかでも奈良漬けにする白瓜が畑で泳ぐように光っています。酒蔵の多い信州は、新酒の酒粕がちょうど熟成し、練り粕となって瓜を待っているところです。下漬けを何度もして、天日で干してやっと、歯ごたえのある奈良漬けになります。手数のかかる漬物ですが、「今やらないと、一年間食べられない」――その思いだけで動きます。

ほかに、きゅうりの佃煮や、なすの塩漬け、カリフラワーのピクルスなども作ります。たくさん収穫できた夏野菜は、生で食べたり、煮物にしたりしますが、それでも余るときは、保存食や常備菜としていただきます。なかでも、きゅうりの佃煮は山のような量が「これっぽっち」になります。作り方は、きゅうり1.5kgを小口切りにし、２％の塩をしてひと晩置き、１kgになるまで水を絞り、砂糖、酢、しょうゆ各１００ｇを加え、煮詰めるだけ。このとき赤唐辛子、しょうがを加えてもおいしいですよ。

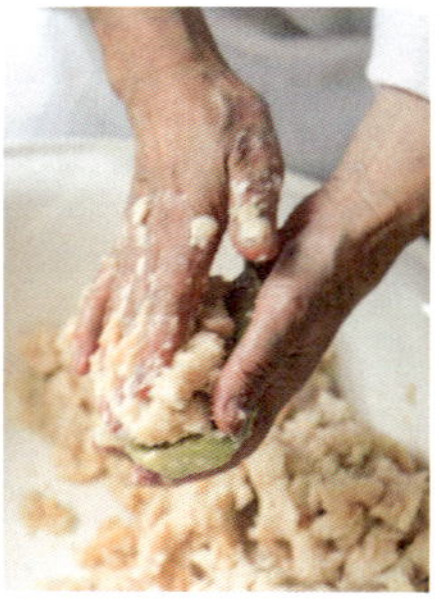

カリフラワーのピクルス

材料(作りやすい分量)

カリフラワー……½株
酢……200mℓ
水……200mℓ
塩……小さじ1
砂糖……大さじ2
淡口しょうゆ……小さじ2
しょうが……1かけ
にんにく……1かけ
八角……1個

作り方

1 カリフラワーは小房に分け、ゆでる。ざるにあげて水けをきる。しょうが、にんにくは、薄切りにする。

2 鍋にカリフラワー以外のすべての材料を入れ、火にかけて調味料を溶かし、火を止め、粗熱を取る。

3 保存瓶にカリフラワーを入れ、2を加える。ひと晩おけば食べられる。

アンチョビ

材料（作りやすい分量）

ひしこ鰯《いわし》……適量
天然塩……鰯の重量の20％
油（菜種油など）……適量
赤唐辛子……1瓶につき2本

作り方

1 鰯は手開きにし、三枚におろす。20％の塩をふり、保存容器に入れて1カ月おく。

2 1の汁けをきり、3％の塩水に1時間浸し、塩抜きする。

3 2の水けをよくふき、清潔な保存瓶に入れ、1瓶につき2本の赤唐辛子を入れ、上からひたひたの油を注ぐ。1週間ほどで食べられる。

＊冷蔵庫で1年間保存可能。

なすとピーマンの煮もの

材料（4人分）

なす……500g（約5本）
ピーマン……4個
水……100mℓ
砂糖……大さじ1・½
しょうゆ……大さじ3
菜種油……大さじ1

作り方

1 なすはヘタを取って半割りにし、皮に斜めに切り込みを入れる。

2 ピーマンは縦4等分に切り、種とワタを取る。

3 鍋に油を中火で熱し、なすを皮目を下にして並べ入れる。焼けたら返し、水を加え、ピーマンも加える。ふたをして1分ほど煮たら、砂糖、しょうゆを加え、味をなじませながら煮詰める。

かぼちゃの
蜂蜜クコの実

材料（2人分）

かぼちゃ……¼個
クコの実……大さじ1
蜂蜜……大さじ1～2

作り方

1 かぼちゃは種とワタを取り、ひと口大に切る。鍋に入れて水少量を加え、ふたをして蒸し煮にする（こげそうになったら、水を足す）。

2 かぼちゃに火がとおったら、クコの実、蜂蜜を加えてさっと混ぜる。

*蜂蜜の量は、かぼちゃの甘味に応じて加減する。

こんにゃくのくるみあえ

材料（2人分）

こんにゃく……200g
ピーマン……2個
くるみ……70g
淡口しょうゆ……大さじ1・½
みりん……大さじ1
ごま油……小さじ1

作り方

1 こんにゃくは短冊切りにし、水からゆでる。ざるにあげて水けをきっておく。

2 種とワタを取ったピーマンはせん切りにし、ごま油で炒める。

3 くるみはフライパンでから炒りし、すり鉢で半ずりにする。しょうゆ、みりんで味をととのえ、1と2を加えてあえる。

私の遊び相手❶

ガーゼと裁縫

私はとても手縫いが好き。縫うのは、さらし、もらいものの手ぬぐいやタオル、それになんといってもガーゼです。刺し子用の糸を抱えきれないほど買い込んで、「この世にいるうちに縫い切れるかしらね」なんて独り言をいってみたり。見ているだけでわくわくしてくるから、仕方がないんです。

ことにガーゼは、呉服屋さんで一反、二反と買い込み、家中のカーテンを作ります。小さな背もたれのクッションやほこり除けの布も作ったり。脱脂された良質綿糸の目の粗さや柔らかさは、ずっとくるまっていたい心地よさ。風を通し身をまかす仕草に、すっかり虜《とりこ》になって何十年かしら。

夏は、南側の窓のレースのカーテン代わりになってもらいます。ターコイズ・ブルー、スプリング・ライト、フォアゲット・ミー・ノット、エレファント・グレー、ネイビイ、ジェイドなど、染料を選びながら、「ジェイドは日本では常盤色かしら」「ターコイズ・ブルーは白緑《びゃくろく》かな」と、日本の伝統色と照らし合わせながら今年の夏の色を決めている時間の、なんと楽しいことか。色止めは塩だけ。裾はちくちくの手縫いで。企業名の入ったいただきもののタオルは、好きなはぎれを縫い付けて、太い糸でざくざく縫い、台ふきや手ふきにします。

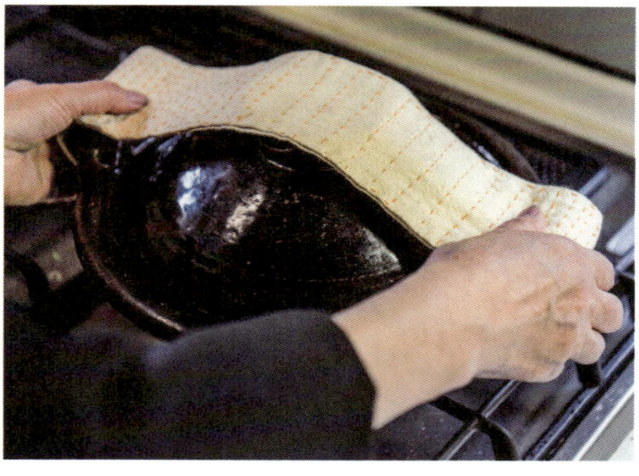

鍋つかみも手製(右)。いただきもののタオルにひと手間加えて(左上)。ガーゼを染めてクッションに(左下)。

さらしも一反買いと決め、ふきんを作ります。もっぱら、ちくちく縫うだけの運針で、刺し子と呼べるものではありません。気ままに色選びをして縫うだけ。残り布があれば、それも縫いつけて。一枚のふきんを作り上げるのに、時間がかかり過ぎては遊びでなくなってしまうので、30分から1時間くらいでしょうか。苦しくなってはいけません。刺繍の本で、シードステッチなるものを知り、「これも私の中では運針だ」と、気に入りました。布に、種を蒔くように針を運び、やがて、にんじんや赤かぶになり、ひげ根から葉まで生長するのですから。私の遊びは、仕事で乗る新幹線の中。小さな裁縫セットと布をバッグにしのばせて。仕事か遊びか、自分でもわからない車中です。

左のページは、右上からごま入りのピンクッション、刺し子の糸コレクション、携帯用の旅の裁縫セット。冬のリネンのカーテンは手縫いで作ったもの。

ガーゼのほこり除けは、グラスにかけて使います。瓶に詰めてあるのは、ガーゼを袋状に縫ったもの。台所に置いて、だし袋やぬか袋に使っています。

私の遊び相手❷

糸と糸巻き

桛《かせ》ごと買い込んだ、山のような手縫い糸を使いやすいように巻くのは大仕事です。巻くときに芯として使う糸巻きにも、好きな品がたくさんあります。明治生まれの姑が使っていたものは、四角で、朝顔の挿絵があったり、素材がべっ甲だったり。「なんとおしゃれかしら」と、ため息が出ます。

お米と野菜の国、韓国は大好きな国です。その糸巻きの素晴らしいことといったら、日本以上ではないかしら。カラフルな布に、細かな刺繍を施してあります。このまま飾っておきたい気分ですが、使いたくもあり。行くたびに、ひとつずつ求めてたくさん集まりました。

もうひとつ。我が家の山桜の枝が美しく、好みの長さに切っては、柿渋で染め、糸巻きになってもらいます。桜の皮は美しく、茶筒から菓子皿、茶托などにも使われています。私が作れるのは、箸と黒文字代わりのつまようじ、それに糸巻きです。柿渋で染めるのは、虫がつかないように、と自分で思いついたのですが、より一層光沢が出て、黒光りし、お気に入りの遊び相手の仲間入りです。糸のもつ個性も一段とさえて見えます。

桜の枝を柿渋染めにして糸巻きに(左上)。防虫効果があり艶も出る。左下は姑の糸巻き。

手仕事の愉しみ❷

ふきんの縫い方

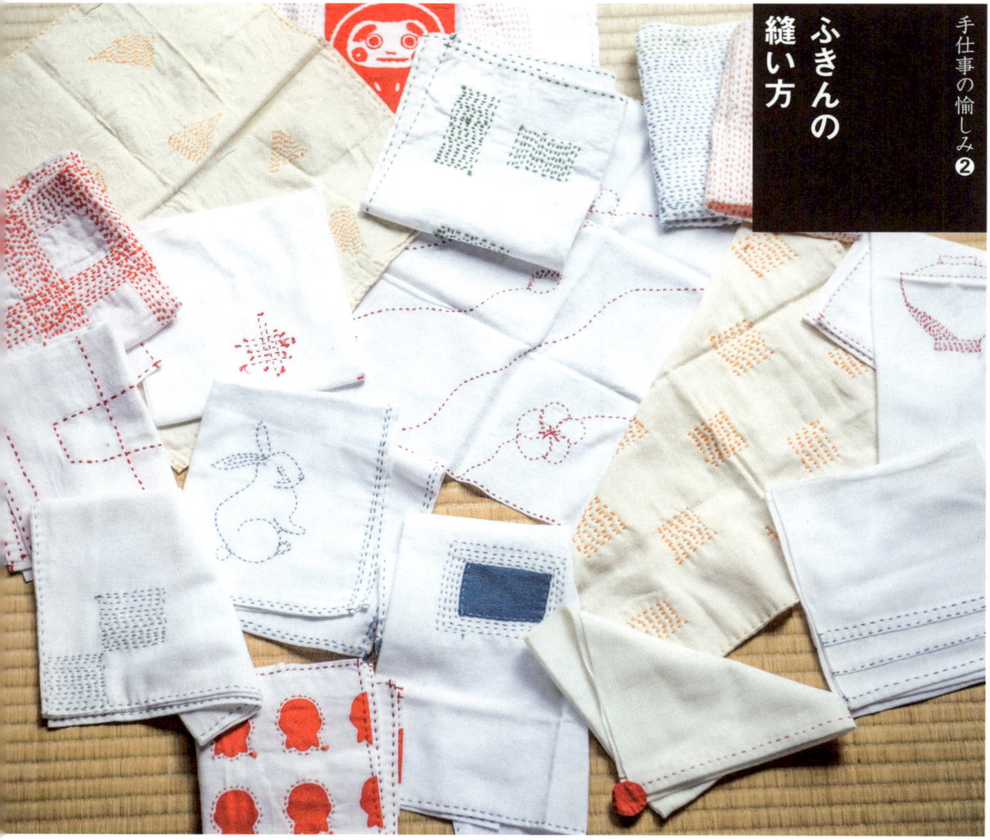

刺繍の本などでは、ランニングステッチ、または並縫いと呼ばれていますが、私は、ただ針を前に進めるだけの、運針が好きです。大作になると、刺し子になるのですが、そこまで時間をかけません。一反買いのさらしを切って、ちょっと表情をもたせるだけ。5㎝ほどの残り布を中央に縫い付けると、落ち着いた顔つきから華やいだものまで、手軽にでき上がります。

年の初めには、いつも干支の図柄をひとつ、縫うことにしています。さらしの周りを、ぐるっと刺し子用のカラフルな太めの糸で縫うだけでポイントになります。いただき物のタオルは、企業名の上に残り布を縫い付け、素敵な柄は残しながら。

不用になったエプロンは、コースターの大きさに切り、シードステッチで絵を描くように。私の中では運針と変わらない針運びで、布に種を蒔く気持ちで縫います。針一本で、にんじんや赤かぶが育ち、花が咲いていくのは、やっていてとてもうれしい作業です。

上田紬のはぎれを縫い合わせて、私好みの風呂敷を作りました。紐の付け方がポイント。

染めたガーゼカーテンの裾も、刺し子糸で運針を。残ったガーゼは、やはり周りを縫って四隅にボタンを縫い付け、グラスのほこり除けに。台所にはガーゼの袋を入れた瓶を置いています。だしの材料を包んだり、生ぬかを入れて使ったり。洗ってもすぐ乾き、ごみも出さず、すっきりです。使ったふきんは、廃油石鹸水を入れてあるバケツに浸し、朝まとめて洗濯機で洗います。しみも残らず、ふきんも長く使えます。

さらしに はぎれを縫い付けて

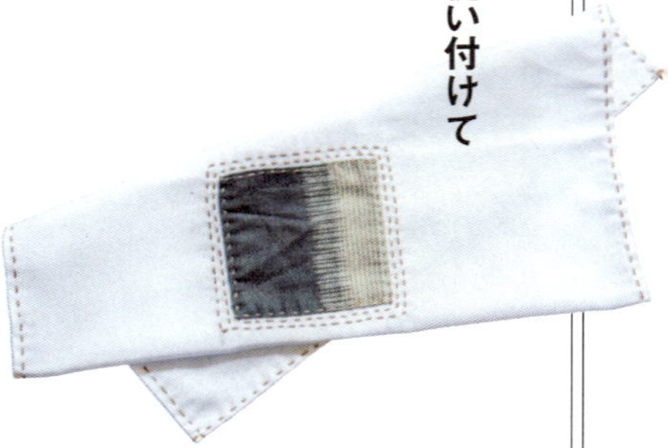

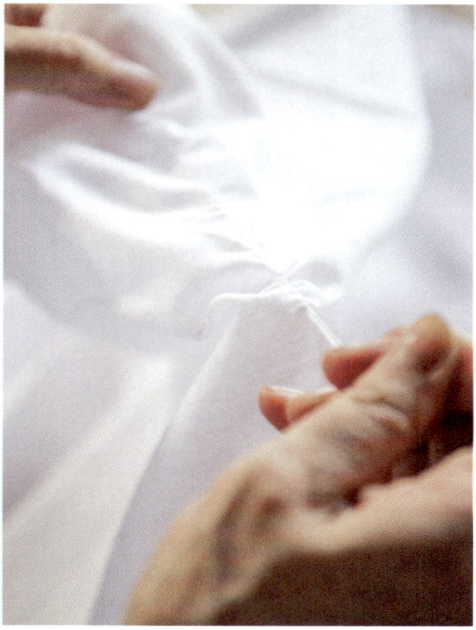

1 反物のさらしを80㎝ほど引き出し、切る個所の糸を1本引いて、生地をつらせる。

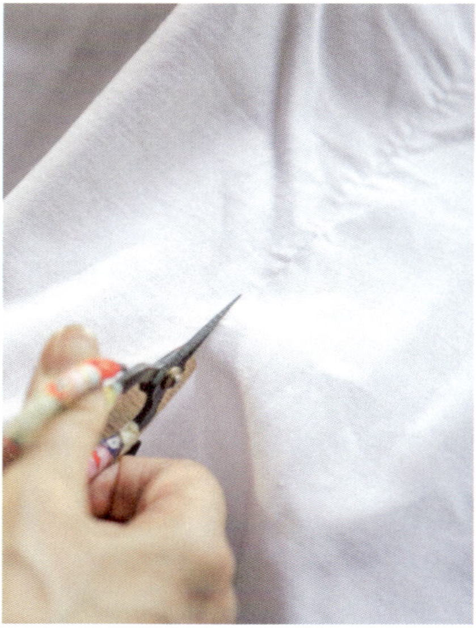

2 つった個所を切ると、布目どおりにまっすぐに切ることができる。

3 半分に折り、ワ以外の端をすべて5㎜ずつ折り返し(ぬい代)、まち針で留める。

4 好みのはぎれ（四方を5㎜ずつ折り返したもの）を3の中央にのせ、まち針で留める。

5 太めの糸で、はぎれの四辺を下のさらしごと縫う（さらしに縫い付ける）。

6 はぎれの周りを2周縫う。

7 さらしの四辺を縫う。

第三章　秋

秋の庭

思い思いの緑を身にまとっていた木々の変化が、秋深いことを知らせてくれます。風知草《ふうちそう》は黄金色に輝き、まるで黒髪から白髪へ変わるように「年齢を重ねまして」と自信ありげ。朴葉も柏葉も茶色く、皮をなめしたかのような艶を放ち、ばさっと音を立てて風に身を任す。楓の紅も美しい中、我が家で一番目を引く葉は山ぶどうです。一枚の葉の中に紅や黄色を配しながら、大きく体をゆらし、焦げ茶色の太い幹に添っています。幹から伸びる枝の先では、たくさんの巻きひげをいろいろな所にからませ、次に巡る季節の準備をしています。

　どの葉も皆、精いっぱいに自分色を表現し、土に返る態勢を調え、地面に落ちます。庭一面、落ち葉だらけの美しさ。なかなか「土になるものか」と、色を発している様に同意しながら、窓越しの対話。「雪が降るからね」と、あきらめて大きな袋に拾い集め、腐葉土になってもらう作業は私の役目。葉の下から、気早な水仙の芽が見えると、「これからが寒いんだから」と、昨年のおいしい腐葉土をふとん代わりにかけ、たしなめます。

冬が来る前に鉢植えを室内に移して越冬させる。紅葉が美しい庭。山ぶどうの葉（左ページ）は鯖ずしにも使用。

秋の慶びごはん

信州では、塩蔵した魚や烏賊《いか》をよく使います。海から遠いため、塩漬けして運び、その間に発酵が進んで、長寿の一役を担ったのかもしれません。塩鱒《ます》、塩鮭、塩鯖《さば》、塩烏賊は、とりわけよく用いられます。

その中でも、塩鯖を使ったおすしを紹介しましょう。信州南部の伊豆木地方では秋の例大祭に奉納され、各家庭でも必ず作るおすしです。塩鯖を甘酢でひと晩締め、ひと口大に切って、酢飯に混ぜます。ほどよく塩味の効いた鯖と酢飯がとてもよいコンビです。庭の紅葉した山ぶどうの葉に包み、そのまま食卓に出せばおもてなしになります。

もうひとつは、もち米で作る花豆おこわ。採れたての花豆は、あっという間に煮えてしまう柔らかさです。私のおこわは、15分で蒸し上がる早さ。洗ったもち米をひと晩しっかり浸水させ、次の日、水分をきります。それを、2合に対して１５０㎖の水を加えて火にかけ、水分を吸収させせます。ここがポイントです。あとは、柏葉にひと匙ずつよそい、花豆を添えて蒸籠にかけること15分。大きな花豆に艶やかなもち米。見るだけで「うれしいごはん」は伝わります。

信州では秋からりんごが出はじめ、早生から晩生の品種を春先まで長く大切に食べつなぎます。白菜は縦置きにして、玄関先の寒い場所で長期保存。冷凍餅や赤唐辛子も大切な保存食です。

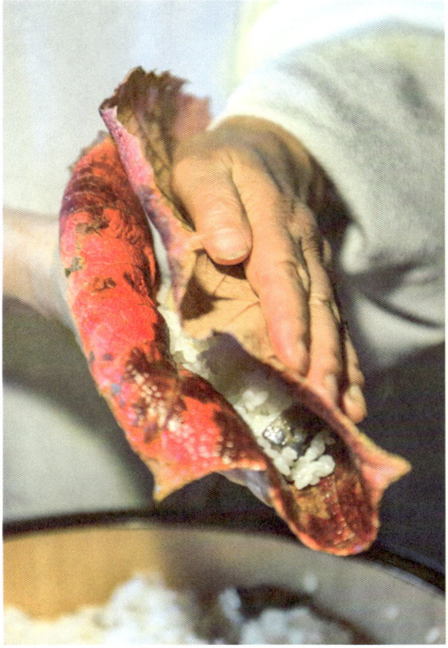

鯖ずし

材料（4人分）

塩鯖（三枚おろし）……2枚

鯖漬け込み用

- 酢……80mℓ
- 砂糖……大さじ3

米……2合

すし酢

- 酢……大さじ4
- 砂糖……小さじ4
- 塩……小さじ1

山ぶどうの葉……適量

作り方

1 鯖漬け込み用の酢に砂糖を溶かし、塩鯖のおろし身をひと晩漬ける。

2 米は通常通りに炊く。すし酢の材料を混ぜ合わせ、炊き上がったごはんに混ぜてすし飯にする。

3 1の薄皮をむき、背身と腹身を分けるように半分に切り、2cm幅に切る。これを2に混ぜる。

4 洗って水けをきった山ぶどうの葉で3を適量包む。

花豆おこわの柏葉蒸し

材料（4人分）

もち米……2合

花豆の甘煮（P.151）……40粒

水……150mℓ

柏の葉……適量

作り方

1 もち米は多めの水（分量外）にひと晩浸し、水けをしっかり切る。

2 1を鍋に入れ、分量の水を加え、中火にかけ、底から混ぜながら、水分を吸わせる。

3 2を柏の葉に盛り分け、一枚につき3～4粒の花豆をのせ、湯気の上がった蒸し器で15分蒸す。

お茶のおもてなし

「これは何でしょう？」。不思議そうな面持ちで来客が口にするもの――それは、老舗の羊羹《ようかん》を1cm角に切ってきな粉をまぶしたものです。ようじはもちろん、私の手製です。

事務所も仕事場ももたない私は、打ち合わせも撮影も、プライベートな場所で行います。だから急な来客へのおもてなしも、おのずといつも家族が食べている、さもない品ばかりになります。いくら老舗の羊羹といえども、ひと口で頬張り切れない大きさでお出しすると、手を出していただけません。そこで、1cm角に切り、ひとつ、ふたつと器に運び、きな粉をまぶします。すると、さっぱり感が生まれて、完食してくれる。そのうれしさといったら。

いただきものの和菓子は、庭にある季節の葉にのせて。漬物は、いつも付き物でお出しします。信州人ですね。洋風の場合は、大きめのお皿に、カップとおやつをともにのせることも。常備しているのは、オーガニックレーズンのラム酒漬けと日本酒漬け、手作り甘酒と煮りんごの冷凍。それに、煮豆でしょうか。どれを組み合わせてもおいしい、お手軽なもてなしです。

作り方

1 花梨はくし形に切り、芯を切り取る。いったん塩水に浸し、すぐに引き上げて水けをきり、皮ごとすりおろす。

2 鍋に入れ、酒と蜂蜜を加え、火にかけて練り混ぜる。

＊市販のクッキーに花梨ペーストをのせ、お茶のおやつに。花梨ペーストは晩秋にまとめて作り、瓶に詰めて保存しています。

花梨ペースト

材料（作りやすい分量）

花梨……900g
酒……100mℓ
蜂蜜……大さじ9

お気に入りのティーカップや紅茶缶。素敵な紅茶缶を見つけるとつい求めてしまいます。

茶器好き。ティーポットはマリアージュフレールのものなど。右下は姑から譲り受けたもの。

りんごの甘糀がけ

材料（4人分）

りんご……2個
糀……300g
水……2・½カップ

作り方

1 糀のかたまりを手でほぐし、電気炊飯器の内釜に入れて水を加える。
2 保温スイッチを入れてふたをし、2時間温めたら、甘糀のでき上がり。保存容器に取り出し、粗熱を取る。冷蔵庫で1週間保存できる。
3 りんごは皮をむいて食べやすい大きさに切る。鍋に入れ、水をひたひたに注ぎ（分量外）、柔らかくなるまでことこと煮る。冷めるまでおき、味を落ち着かせる。
4 器に3を盛り、2を好みの量だけかける。

羊羹きな粉まぶし

羊羹をひと口大の角切りにし、
きな粉をまぶして即席おやつに。
番茶のお茶請けにどうぞ。

信州では手作りの漬物もお茶請けにします。野沢菜（左上）と、大葉や根菜を詰めた瓜の漬物（右下）、赤大根のぬき粕漬け（左下）で、お客さまをもてなします。

果実酒の愉しみ

果実は、採れたての生食が一番おいしい食べ方であるのは当然なのですが、それでも余った果実は、35度の焼酎に漬けています。焼酎は漬物用ではなく、本格焼酎と決めていて、無糖で作ります。

使うのは、我が家で実った木通《あけび》、郁子《むべ》、ポーポー、桑の実など。長野産りんごに花梨《かりん》もとても香り高く、おいしい仕上がりです。特にお気に入りは、くるみです。よく洗ったら、鬼殻ごとフライパンで焼き色をつけ、半分に割って焼酎を注ぎます。醸すほどに、オーク材の樽風味をもたらし、〝マッサン〟のウィスキーにも負けないと、勝手に感心しています。中身はほじりながら、おつまみにどうぞ。木通は皮がとても苦いもので、なかなか食べにくいのですが、焼酎に漬けると、すっかり苦味は消え、甘味の強いリキュールに変身です。カルバドスアップルはとても高価ですが、手製のカルバドスアップルもなかなかです。花梨はのどと風邪の薬になります。

並んだ果実酒を前に、「今夜のナイトキャップはどれに」とグラスと匙を持って眺めます。ほんの20㎖ほどの琥珀色の液体は、コーヒーについで、もう一度自分と対話するための、一日を締める薬といったところでしょうか。

収穫したての花梨(右)。美しい果実酒はまとめて並べておき、眺めて愉しんでいます。

花梨のリキュール

材料（作りやすい分量）

花梨……1.5kg

焼酎（アルコール35度）……1.8ℓ

作り方

1 花梨は表面のうぶ毛をていねいに取り、四つ割りにする。

2 保存瓶に入れ、焼酎を注ぐ。冷暗所で最低3カ月漬ける。

ブルーベリーのリキュール

材料

ブルーベリー……適量

焼酎（アルコール35度）……適量

作り方

1 ブルーベリーを保存瓶の八分目まで入れる。

2 焼酎を瓶の口まで注ぐ。冷暗所で最低3カ月漬ける。

くるみのリキュール

材料（作りやすい分量）

くるみ（殻付き）……300g

焼酎（アルコール35度）…… 400mℓ

作り方

1 くるみは殻付きのまま洗い、水けをふき取る。

2 1をフライパンでから炒りする。こげ目がつくまで炒るうちに、口が開く。新聞紙の上にあけ、かなづちで半分に割る。

3 保存瓶に2を入れ、焼酎を注ぐ。冷暗所で最低3カ月漬ける。

りんごのリキュール

材料（作りやすい分量）

姫りんご（またはりんご）……600g

焼酎（アルコール35度）……1 ℓ

作り方

1 りんごに切り込みを1本入れる。

2 保存瓶に入れ、焼酎を注ぐ。冷暗所で最低3カ月漬ける。

蜂蜜

甘味をつけたい調理では、いつも鹿児島・喜界島産の砂糖きびから作られた粗製糖を使っていますが、それに加え、地元の長野産の蜂蜜も欠かすことはできません。少しの量でも甘味を感じることができるので、いつも一升瓶で購入しています。できれば気温の高いうちに買い求めますが、その理由は、広口のガラス器に全部入れ替えておくためです。一升瓶では使いづらいうえに、寒くなると固まって、口から出てきてくれません。

蜂蜜の種類は、なるべく香りの少ないもので、「百花」と書かれていない種類が好みです。百花では、どんな花の蜜がどのくらい入っているのかわかりません。香りの強い蜜は、単品でドリンクにする場合はいいのですが、相手の食材の邪魔になることが多いからです。たとえば、かぼちゃの煮物の場合、あまり花の香りが強いと、かぼちゃが気の毒です。煮豆も煮てから、お皿の上の豆に少々添えて食べる方法は、たくさんお砂糖を使わずに、豆本来の味が愉しめてとても体にもいいと自負しています。熊のプーさんにならないように、一年にどのくらい蜂蜜を使うのかしらと、器に購入日を記入しています。

29. 9 18

栗の渋皮煮

材料（作りやすい分量）

栗……1kg
蜂蜜……大さじ6
塩……大さじ½
灰（あれば）……大さじ5
水……適量

作り方

1 栗はぬるま湯に1時間浸しておく。

2 栗のくぼんだ側の、座（おしりのざらざらした部分）とつるつるした部分の境目に包丁を入れ、中心から頭に向かって固い鬼皮だけをむく。

3 鍋に、水1ℓ、塩、さらし袋に入れた灰、むいた栗を入れ、弱火で30分煮る。栗がけっして踊らないよう、火加減に注意する。

4 新しい水に替え、3の作業を3回繰り返す（塩は最初だけ入れる）。ゆで汁があまり濁らなくなったら、下ゆで完了。

5 渋皮から筋を指で静かに取り、きれいに洗う。

6 新たな水1ℓで再び静かに煮る。ふつふつとしてきたら、蜂蜜を加える。火からおろし、ひと晩おいて味を含ませる。

7 煮沸した瓶に小分けにして入れ、脱気して保存する。冷凍保存も可能。

大根なつめの蜂蜜

材料（作りやすい分量）

大根（皮付きのまま1cm角に切る）……200g

なつめ（乾燥）……25g

蜂蜜……大さじ4

作り方

清潔な保存容器に、大根、なつめを入れて、蜂蜜を注ぐ。翌日から食べられる。

＊冷蔵庫で2週間ほど保存可能。

りんごと柚子蜂蜜

材料（作りやすい分量）

りんご……中1個

柚子……中1個

柚子の絞り汁……100mℓ

蜂蜜……大さじ2

作り方

1 りんごはよく洗い、芯を除いて皮ごと1cm角に切る。柚子は皮をそぎ、せん切りにする。果肉は薄皮から取り出す。

2 清潔な保存瓶に、りんご、柚子の絞り汁、柚子の果肉と皮、蜂蜜を入れる。翌日から食べられる。

＊冷蔵庫で2週間ほど保存可能。

秋の保存食と常備菜

秋も早いうちに、栗の実は出はじめます。近くに栗で有名な小布施があります。地元の方によると、栗の種類は数えきれないほどあるそうですが、そのうち「銀寄《ぎんよせ》」が一番、渋皮煮に適しているとのこと。私は種類を気に留める暇もないままに栗を手にするや、渋皮煮で保存します。「渋い」「苦い」味をもつ調味料はなく、食材で摂取するしかありません。栗の渋皮、くるみの渋皮はとても貴重です。渋皮煮の場合、渋味や苦味を抜きすぎないように注意して手を加えます。「これは、この冬用」と、木の実を抱え込む自分がまるでりすのようと、笑いながら。

干し柿も大事な作業で、柿の皮がないと、冬のたくあん漬けができません。柿はひとつずつむいて、縄に吊るし、たびたびもみ込んで手をかけてあげます。採れ始めの根菜も、2%の塩で水分を出してから奈良漬けの残った酒粕に入れては、常備菜作りです。本格的な冬の野沢菜漬け、たくあん漬けを食べるまでのお手軽漬物でもあります。

信州産のなつめは干して保存(右)。干し柿を作るときに出る皮は、渋柿とともに干し、たくあんを作る際に入れたり、冷凍保存してぬか床やだしに入れたり。

大根、にんじんの柚子漬け

材料(作りやすい分量)

大根……600g
にんじん……1本
砂糖……野菜の重量の10%
塩……野菜の重量の3%
酢……野菜の重量の15%
柚子の皮(せん切り)……½個分

作り方

1 大根、にんじんは、3㎝長さのスティック状に切る。

2 保存容器にすべての材料を入れて混ぜる。次の日から食べられる。

＊冷暗所か冷蔵庫で2週間ほど保存可能。

黒にんじんのピクルス

材料（作りやすい分量）

黒にんじん（またはにんじん）……1本

A
- 水……100mℓ
- 酢……75mℓ
- 砂糖……大さじ3
- 塩……大さじ½

作り方

にんじんは2cm長さのスティック状に切り、Aに漬ける。翌日から食べられる。

酒粕の漬物

材料(作りやすい分量)

にんじん……2本
大根……10cm
赤大根(または大根)……10cm
酒粕……300g
砂糖……150g
塩……野菜の重量の2%

作り方

1 酒粕を手でほぐして砂糖と混ぜ合わせ、漬物容器に入れる。
2 にんじん、大根、赤大根は皮をむき、塩をまぶして、ひと晩おく。
3 2の水けをふき、1に漬け込み、ひと晩おけば完成(好みで熟成させてもよい)。食べるときにさっと水で洗って水けをきり、食べやすい大きさに切って器に盛る。

大根味噌炒め

材料（4人分）
大根……½本
味噌……大さじ2～3
みりん……大さじ2
砂糖……大さじ1
赤唐辛子……1本
ごま油……大さじ1

作り方

1 大根はスライサーか包丁で太めのせん切りにする。
2 味噌、みりん、砂糖を混ぜ合わせる。
3 赤唐辛子は種を取り除き、小口切りにする。
4 鍋にごま油を中火で熱し、1をゆっくり炒める。しんなりしたら2をまわし入れ、3も加えて炒りつける。

第四章 冬

白菜の巻き蒸し

材料（3人分）

白菜の葉……6枚
豚薄切り肉……150g
酒……大さじ2
柚子しょうゆ（柚子の絞り汁と淡口しょうゆを2：1で合わせたもの）……適量

冬の庭

庭の水道を不凍栓にして凍らせない準備に入るころ、石の水鉢には氷が張り、訪れる小鳥たちは水を飲むこともできません。そんな凍てつく中でも、冬の花木は来春への芽をたくわえ、しっかり前を向いています。私たちもせめて「頑張って」の気持ちを伝えなくては、と藁《わら》囲いをします。長野市より北の地方に行くと、豪雪のため、木が折れないように、枝を縄で吊ったりします。冬の風物詩のひとつですね。

こちらはそこまで必要ではありませんが、「藁ぼっち」という藁の帽子をかぶせています。私ととても気の合う庭師さんの手作りで、年末、庭の木を剪定しては、必要な木々に美しく藁で編み込みをしてかぶせます。新しい藁には、水分をはじいて保温する力があるんですね。寒い中でも、大雪の中でも、ぬくぬくしている様子で、窓ガラス越しに見えて安心です。春のお彼岸がきたら「春ですよ」と、藁ぼっちを外します。その前、一月ごろには、健気にもスノードロップが白い花を咲かせます。名前のとおり、雪の中から、雪に染められ真っ白な姿で。

作り方

1 豚肉に酒をふりかけておく。

2 白菜の葉は、越冬白菜ならそのまま、かたいようなら、さっと湯通しする。白い部分を切り抜き、葉先と分ける。

3 葉先のほうは、すき間が出ないよう継ぎ目を重ねながら広げ、1の肉を広げてのせ、くるりと巻く。

4 白い部分は、せん切りにする。

5 湯気の上がった蒸籠に、4を敷き、その上に3をのせ、10分蒸す。

6 食べやすいよう半分に切り、蒸籠ごと食卓へ。柚子しょうゆをかけていただく。

薪ストーブの愉しみ

　夫の転勤であちこちまわる途中、今の家を新築しました。ちょうど昭和の終わりごろです。薪ストーブはそのときからのおつきあい。ストーブの上では、やかんはもちろん、ゆっくり煮炊きする鍋も置きます。おでんやカレー、そして、四つ割りにした白菜の蒸し焼きなどは、ストーブ任せでおいしい仕上がりに。30年近く使っているクーザンスの鍋での焼きりんごや焼き芋も、上に置くだけですが、それはおいしい。鍋と薪の火は、私の右腕かもしれません。煮豆には、少々火が強く、ちょっと合わないのが残念ですが。

　薪はもっぱら、ご近所や知り合いから、りんご、杏、柿、梅などの剪定した枝をいただいています。これらを寸法に合わせて切るのは夫の役目。２階の煙突点検場所は、ちょっとした乾燥室にもなります。

　ストーブの火がおき状態になると、網にのせて秋刀魚を焼くこともありますし、鮭や鰤《ぶり》、原木しいたけに大根と、季節の食材を炭火焼きにすることもあります。冬になると、火が恋しく、炎を見るだけで落ち着くのは、幼いころから囲炉裏に親しんでいるからでしょうね。私にとって薪ストーブは、現代版囲炉裏といったところでしょうか。

RUTLAND
BURN INDICATOR

木片に柿渋で染めた紙を巻いて足台に（上）。薪の管理は夫の担当。掃除道具類は吊るして。

薪ストーブの上で煮込むと、本当においしくなります。だから、ストーブの上は、いつも鍋でいっぱい。室内も加湿されていいこと尽くし。

夫とのコーヒータイム

昔は、喫茶店が大好きでした。特に美術館にある静かな喫茶店が。子育てをするようになってからは、とてもかなわぬことになり、子どもが昼寝をしてくれたわずかな時間が、私のコーヒータイムでした。そんな時間をもつことによって、自分を取り戻すことができていました。眠っている子どもの顔を見ながら、「なんで、あんなにいらいらしてしまったのかな」なんて反省したりしながら。子どもが成長してからも、コーヒーの時間は、もうひとりの自分が、この私を見直すような時間だったんでしょうね。

夫が現役を退いてから、そんな時間に彼が割り込んできました。三度の食事を一緒にしながら、お茶までともに。そのときは、テレビをつけず、ＦＭラジオやＣＤで音楽を流し、お互いの予定の確認など話しながら。お茶請けは、いただきものだったり、手作りのさもないひとつ、ふたつだったり。コーヒーがおいしいときは、健康状態もいい証拠。さり気なく、お互いの顔色確認も。「今日は目が腫れているね」「そう、夕べ飲みすぎ」なんていいながら。

ある冬の日のコーヒーのお供は、
自家製の干し柿。季節をしみじみ
と感じる時間です。コーヒー豆を
ミルで挽くのは、夫の大切な仕事。

ある日のコーヒータイム。日本酒で漬けたドライプルーンに甘糀を合わせ、ミントを添えて、カヌレとともに。

干しりんごの りんごジュース漬け

材料（作りやすい分量）

干しりんご……100g
りんごジュース（果汁100％）……400mℓ
フェンネルの葉（あれば）……適量

作り方

1 干しりんごはさっと洗って、水けをきり、ボウルに入れる。

2 りんごジュースを1に注ぎ、ひと晩かけて戻す。

3 器に汁ごと盛り、あればフェンネルの葉を飾る。

コーヒーのお供

くるみバルサミコ

材料（作りやすい分量）

くるみ……150g
バルサミコ酢……大さじ3
砂糖……大さじ2
金ごま……大さじ2

作り方

1 くるみはフライパンでから炒りし、取り出す。

2 フライパンにバルサミコ酢、砂糖を入れて強火にかける。ぐつぐつと泡が立ったら火を止め、すぐに1を入れて素早くからめる。

3 クッキングペーパーの上にあけ、冷める前に金ごまをふる。

豆を煮る

豆を煮るのは、なんとしても冬が多くなります。秋の採れたてを火にかけ、暖をとりながら煮上がりを待つ時間は、無駄がありません。我が家の暖房は、薪ストーブ、火鉢に炬燵《こたつ》と、何とも古めかしい、昔方式です。エネルギー源を幾つにも分けておくと、いざというとき、安心です。電気がなくても、マッチ一本で暖がとれ、煮炊きもできる安心感ですね。

豆はもっぱら火鉢で煮ます。火の加減がとてもいいのです。炭は地場産コーナーで求めます。近所の里山産なのですが、雑木だからでしょうか、太かったり、細く曲がっていたり。私は「素敵ね」と話しかけます。

煮るときは、鉄や銅の鍋でほっくりと。花豆やいんげん豆、小豆は、ひと晩塩水に浸してから煮ると皮が破れません。浸水後は安心して火鉢の上へ。豆のような乾物は、時間という調味料が必要です。レンジでチンも効き目はありません。こじ開けるような気持ちで向き合っても、ますます顔をそむけられます。面白いですね。豆３００ｇ、水５００㎖、塩大さじ１。ひと晩、この塩水に浸してから、新しい水に替えて、ゆっくり煮ます。

子どもや孫たちが置いていったペットボトルに豆を詰めておきます。密閉できて虫がわかないので安心です。必ず詰めた日を書いておきます。

寒天小豆

材料（作りやすい分量）

小豆……300g
水……500mℓ
塩……大さじ1
きび砂糖……150g
寒天
　糸寒天……5g
　水……500mℓ
黒蜜……適量

作り方

1 小豆は分量の水に浸し、塩を入れ、ひと晩浸す（皮が破れないようにするため）。

2 水けをきり、たっぷりの新しい水（分量外）でゆでる。沸騰したら10分ゆで、湯を捨てて水をはり直し、やわらかくなるまで煮る。

3 煮汁が少なくなり、やわらかくなったら、砂糖を3回に分けて加える。冷めるまでおく。

4 寒天を作る。糸寒天をたっぷりの水（分量外）でふやかしてから水500mℓで煮溶かし、型に入れて冷やす。食べやすく切る。

5 器に4の寒天と3の小豆を入れ、黒蜜をかける。

花豆の甘煮

材料（作りやすい分量）

花豆……300g
水……500mℓ
塩……大さじ1
きび砂糖……240g

作り方

1 花豆は、分量の水に浸し、塩を入れ、ひと晩浸し（皮が破れないようにするため）水をきる。

2 たっぷりの新しい水（分量外）に入れてゆでる。沸騰後10分ゆで、湯を捨てて水をはり直し、柔らかく煮る。

3 煮汁が少なくなり、柔らかくなったら、砂糖を3回に分けて加える。冷めるまでおく。

黒豆デザート

材料（作りやすい分量）

黒豆……300g
きび砂糖……240g
黒豆の煮汁、エバミルク……各適量

作り方

1 黒豆は洗い、鉄鍋に入れる。

2 熱湯をたっぷりと注ぎ、ひと晩おく。翌日そのまま煮る。煮汁が少なくなったら水を少しずつ足す。柔らかくなったら3回に分けて砂糖を加え冷めるまでおく。

3 器に大さじ2ほどの黒豆を入れ、黒豆の煮汁大さじ2、同量エバミルクをかける。

鍋

どうして、こうも鍋好きなのでしょう。鍋を売っている場所に行くと立ち止まり、「すでにたくさんあるうえに、置く場所もないし」と考えながら見入ります。使っている鍋の素材は、鉄、銅、陶、ステンレス。それにホウロウと鋳物ホウロウです。

鉄のフライパンは、「くっつきやすく、油をたくさん使うから、錆びるから」と敬遠する人も多いのが、とても残念です。調理に使えば、少しずつですが鉄分が摂れるのに。鉄製フライパンは使用後、洗剤を使わず、ぬるま湯で洗うだけでいいですね。周りに汚れがこびりついたら、裏返して細いガス火で焼き切ると、新品同様になります。

鉄鍋で黒豆を煮ると、釘も鉄玉も必要ありません。厚手の銅鍋で煮るおでんは、そのまま食卓へ直行。いつまでも温《ぬく》まってくれます。鋳物ホウロウは蒸し焼きに重宝。土鍋はじんわり、ほっこり温まるところも、スタイルも大好き。

２０１３年に、和食はユネスコの無形文化遺産に登録されました。「一汁三菜」はもちろんのこと、だしのとり方や、調理道具も大切なポイントとなっています。鍋の素材自体のもつ力——これは味に証明されます。

木曾から送られてくる伝統食・すんき漬けを使って、毎年すんきそば鍋を作ります。投汁《とうじ》籠《かご》にそばを入れて投じ（温め）たら椀へ。酸味がおいしい一品。

信州の郷土鍋

おからこ鍋

材料(4人分)

だし

- 水……8カップ
- 煮干し……32g
- 淡口しょうゆ……70mℓ
- 塩……小さじ1

具

- もち米……2合
- 大根(いちょう切り)……200g
- ごぼう(いちょう切り)……中1本分
- にんじん(いちょう切り)……中1本分
- 長ねぎ(斜め切り)……2本分
- 白菜(ざく切り)……5～6枚分
- 油揚げ(2cm四方に切る)……2枚分
- 里いも(ひと口大の乱切り)……300g

作り方

1 もち米は水に浸してひと晩おき、水けをきる。50mℓほどの水を加え、すり鉢かフードプロセッサーで、握れる程度まで砕き、ひと口大に丸める。

2 鍋にだしの材料を入れて火にかけ、だしをとる。そこに1以外の具を入れて、火をとおす。

3 1のだんごを加え、3分ほど煮て火をとおす。

おでん

材料（5人分）

だし

水……1.5ℓ
あご（煮干し）……5本

具

大根……1本
油揚げ……5枚
さつま揚げ……4枚
白滝……200g
ちくわ……3本

酒……50mℓ
砂糖……大さじ1
淡口しょうゆ……100mℓ

作り方

1 大根は皮付きのまま、3cm幅の輪切りにする。大鍋に水、あご、大根を入れて火にかける。

2 油揚げとさつま揚げは、それぞれさっとゆでて油抜きする。白滝は水からゆで、沸騰したらざるにあげ、食べやすく切る。油揚げは短い端の片側を切って縦長の袋状にし、白滝を下半分ほど詰め、上半分を中に折り込む（こうすると中から出てこない）。

3 大根が竹串が通る程度に煮えたら、2、ひと口大に切ったさつま揚げとちくわを加え、酒、砂糖、しょうゆを加えて味を含める。

＊あごはそのまま食べてもおいしい。

冬の保存食

信州で食物が収穫できるのは、半年間だけです。それだけに、採れたものを大切に保存し、飽きずに食べまわす知恵が備わったのでしょう。米、豆類はもちろんのこと、秋の野菜も越冬野菜として、しっかり年越しし、お彼岸ころまで食べるので、困ることはありません。

ことに野菜の保存方法は漬物で、たくさん発酵食品にします。野沢菜漬け、たくあん、すんき漬けなどは代表的なもので、三度三度の食事と農閑期のお茶請けに欠かせません。食物繊維たっぷりの発酵食品を食べて長寿になっているのでしょうね。調味料も、ぬかに塩、味噌、酒粕にしょうゆ、糀に三五八《さごはち》とさまざまで、ひとつの野菜でもいろいろな味で愉しむことができます。お餅を凍り餅にするなどの、寒さを利用しての保存食作りも欠かすことのできない作業です。我が家ではもっぱら寒干しの大根干しですね。寒中の干し大根は白く、カラッとした出来栄えです。ちなみに、長野ではよく見かける寒ざらし粉はお米を干したもので、虫が付かず、高級品とされています。寒中でも、信州は忙しいですね。

たくあん漬けは漬物の定番。軒先で大根を干して、ぬかで漬けます。冬の間中、お茶請けとしても、食事の供としても、大切にいただきます。

たくあん漬け

材料（作りやすい分量）

大根……8kg
紅芯大根、からいも
　……合わせて2kg
漬け床
　生ぬか……2kg
　塩……800g
　砂糖……1.5kg
　渋柿の皮（干したもの）……200g
　なすの皮（干したもの）……150g
　赤唐辛子……15g

作り方

1 大根、紅芯大根、からいもは、1週間ほど干す。

2 大きなビニール袋や器に、漬け床の材料を入れ、混ぜ合わせる。

3 漬物容器の底から1㎝くらいまで、2を振り入れてから、大根、紅芯大根、からいもとぬかを交互に入れ、野菜の重量の2～3倍の重石をする。

4 3日で水が上がりはじめる。食べ頃は約1カ月後から。

松前漬け

材料（作りやすい分量）

大根……1kg

塩……大根の重量の2％

A
- しょうゆ……80mℓ
- みりん……60mℓ
- 砂糖……20g
- するめ（極細のもの）……45g
- 切り昆布……35g

作り方

大根はいちょう切りにし、塩をして2時間ほどおく。水分をよく絞り、容器にAとともに入れて漬ける。翌日から食べられる。

＊冷暗所か冷蔵庫で2週間ほど保存可能。

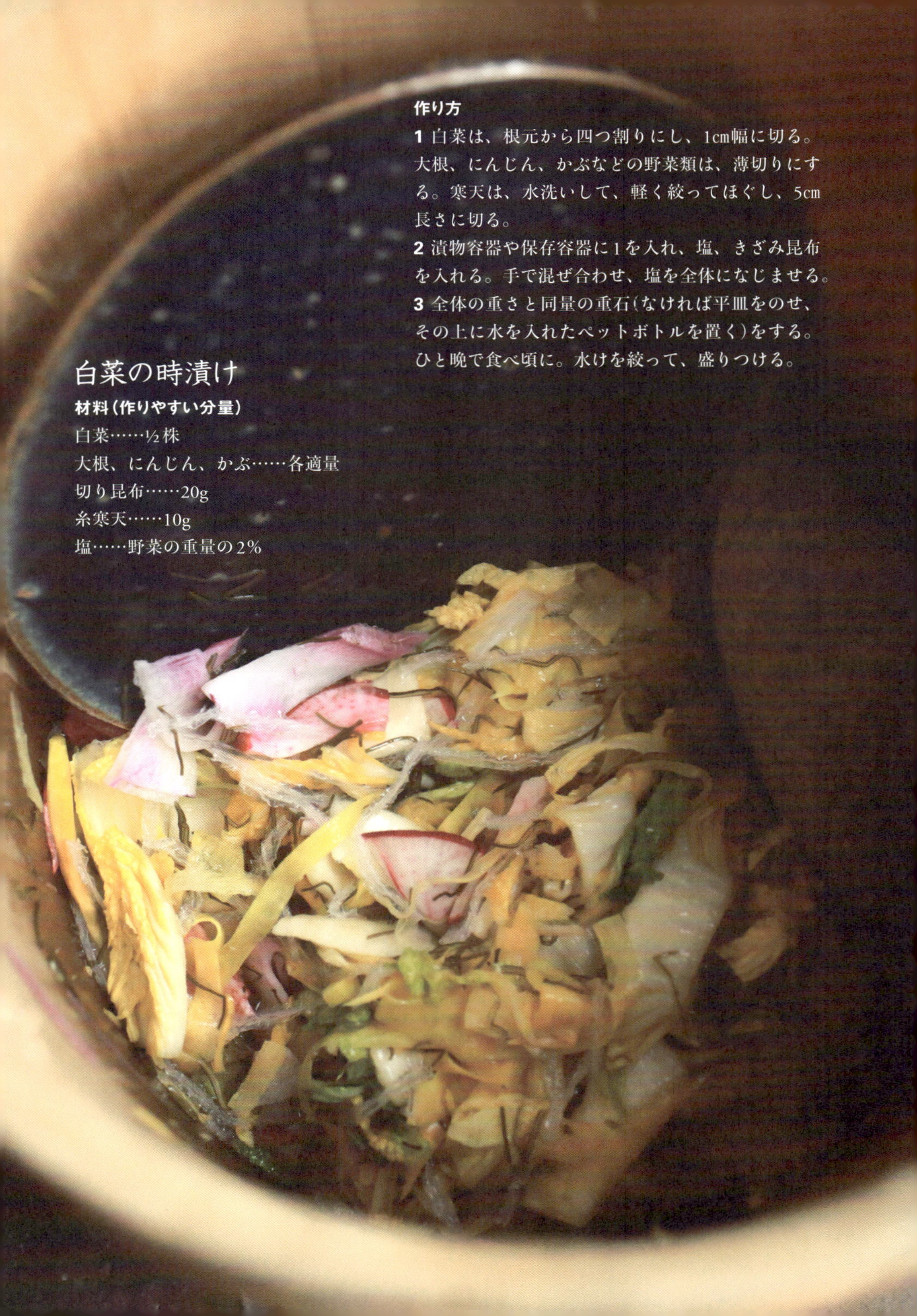

白菜の時漬け

材料（作りやすい分量）

白菜……½株
大根、にんじん、かぶ……各適量
切り昆布……20g
糸寒天……10g
塩……野菜の重量の2%

作り方

1 白菜は、根元から四つ割りにし、1cm幅に切る。大根、にんじん、かぶなどの野菜類は、薄切りにする。寒天は、水洗いして、軽く絞ってほぐし、5cm長さに切る。

2 漬物容器や保存容器に1を入れ、塩、きざみ昆布を入れる。手で混ぜ合わせ、塩を全体になじませる。

3 全体の重さと同量の重石（なければ平皿をのせ、その上に水を入れたペットボトルを置く）をする。ひと晩で食べ頃に。水けを絞って、盛りつける。

正月を迎える

師走は毎年、気忙しく迎えます。日に日に日没は早くなり、寒さも増してきます。秋に収穫した、にんじんやごぼうなどの越冬野菜は、土袋に頭から差し込み、凍みを防ぎながら水分補給させ、春までみずみずしくいられるようにします。白菜は一日干して、1個ずつ新聞紙で包み、立てて保存。さらに野沢菜を漬けたり、たくあんや、白菜も漬けます。一年の中で最も気持ちを集中させる、大切な漬物の季節です。「水が上がって、うまく漬かりますように」と、重い石を何個も載せて、つい手を合わせてしまいます。

十二月の中ごろには、毎年、職人さんに庭の剪定をしてもらいます。ささやかな庭に、ぎっしり植えられた木々を手入れするのは、大変だろうな、と思いつつ。この時期にするのは、私のわがままで、紅葉している葉をいつまでも見ていたいからにほかなりません。私の好みを受け入れてくれ、「この木は不要です」なんていわずに、そっとしておいてくれます。雪除けの「ぼっち」を藁で編んでは、方々にかぶせ、玄関に青竹を1本備えて終了です。

そこここ、目につく所の掃除を済ませて、あとはしめ縄作り。早めに農家にお願いして藁を確保し、自分流に。あるいは、水引の束をくくって松や梅を添えたりします。

立春大吉

おせち料理を作ったら、お重の写真を撮り、毎年一冊のノートにまとめています。翌年になれば、昨年作ったものすら忘れてしまうからです。自分用のメモですので、このノートの存在は娘も知りません。

三種の祝肴は、黒豆、田作り、たたきごぼうにしています。こちらの地方は、数の子なのですが、私の好みで、ごまたっぷりのたたきごぼうを取り入れて。この祝肴にお屠蘇があれば、新年を迎えられますが、もうひとつ、実家からの風習で鰤《ぶり》、鮭を一尾ずつ求め、刺し身、塩焼き、鰤大根と、年末から三が日いただきます。祝肴の作り方からお屠蘇薬材の配合、郷土料理のおせちからアレンジまで、毎年写真を増やしながら、繰り返し迎えられることのありがたさをかみしめての年末です。

木曽地方で作られた切溜《きりだめ》に、おせちを詰めます。切溜はもとは、切ったものをためておくバットのようなもの。重ねて収納できるので便利です。

紅白なます（右上）
黄にんじんのなます（右中）
赤大根のなます（右下）

材料（作りやすい分量）

大根、にんじん、黄にんじん、
赤大根……各適量
塩……適量
基本の甘酢（作りやすい分量）
水……200mℓ
酢……150mℓ
砂糖……大さじ7
塩……大さじ1

作り方

1 野菜はせん切りにし、重量の2％の塩をして、30分ほどおく。

2 基本の甘酢の材料を混ぜ合わせる。

3 野菜の水けをきり、大根とにんじんは合わせ、それぞれ2に浸す。翌日から食べられる。

長野県北部の郷土料理
いもなます（左）

材料（作りやすい分量）

じゃがいも（好みの品種）……250g
酢……大さじ2
塩……小さじ½
砂糖……小さじ2
菜種油……大さじ1

作り方

1 じゃがいもは細めのせん切りにし、3度水に晒してから、水けをよくきる。

2 1を鍋に入れ、酢、塩、砂糖を入れて30分おく。

3 水分が出てきたら強火にかけ、水分を飛ばす。すぐにバットに広げ、油をまわしかける。

松風（上）

材料（5人分）

木綿豆腐……150g
鶏挽き肉……200g
味噌……大さじ1
しょうが（みじん切り）
……小さじ1
卵……1個

作り方

すべての材料をボウルに入れて混ぜる。油少々（分量外）を引いたフライパンに入れて、四角形に成形し、両面を5分ずつ焼く。3cm角程度に切り、あれば笹の葉やようじなどに刺す。

＊焼くときに、5mm厚さに切ったれんこんと大根各5枚分をフライパンの隙間に入れ、一緒に焼くとよい。

日の出玉子（下）

材料（5人分）

卵……5個
たらこ（無着色のもの）……1腹（2本）
海苔（全形）……1枚
A
酒……大さじ2
砂糖……大さじ2
淡口しょうゆ……小さじ1
塩……小さじ½
菜種油……適量

作り方

1 たらこを海苔で巻く。ボウルに卵、Aを入れて混ぜる。

2 熱した玉子焼き器に油を引き、卵液をおたま一杯程度入れて広げ、向こう側に海苔巻きたらこを置く。向こう側から手前に玉子を巻く。適宜油を足しながらこれを何度か繰り返して焼く。

3 熱いうちに鬼すだれで巻き、輪ゴムで留める。粗熱が取れたら切る。

長野の郷土料理

柚子がま

材料(5人分)

柚子……5個
煮干し(小)……25本

A
- 味噌……250g
- 長ねぎ(みじん切り)……3本分
- 砂糖……大さじ4

作り方

1 柚子は上から¼くらいのところで切り、スプーンで中身をくり抜く。
2 Aの材料を混ぜ合わせ、1の中に入れ、煮干しをそれぞれ5本差し込む。
3 天板に2と、切った柚子のふたを並べ、200℃に温めたオーブンで、13分焼く。
4 ふたをして盛りつける。

塩鮭の酢締め

材料（作りやすい分量）

塩鮭（三枚におろしたもの）……適量

酢……適量

基本の甘酢（P.164）……適量

あればイタリアンパセリ……適量

作り方

塩鮭はたっぷりの酢に、ひと晩浸す。酢をきり、基本の甘酢に10分ほど漬ける。皮を除き、食べやすく切って、イタリアンパセリとともに器に盛る。

手仕事の愉しみ③

布を染める

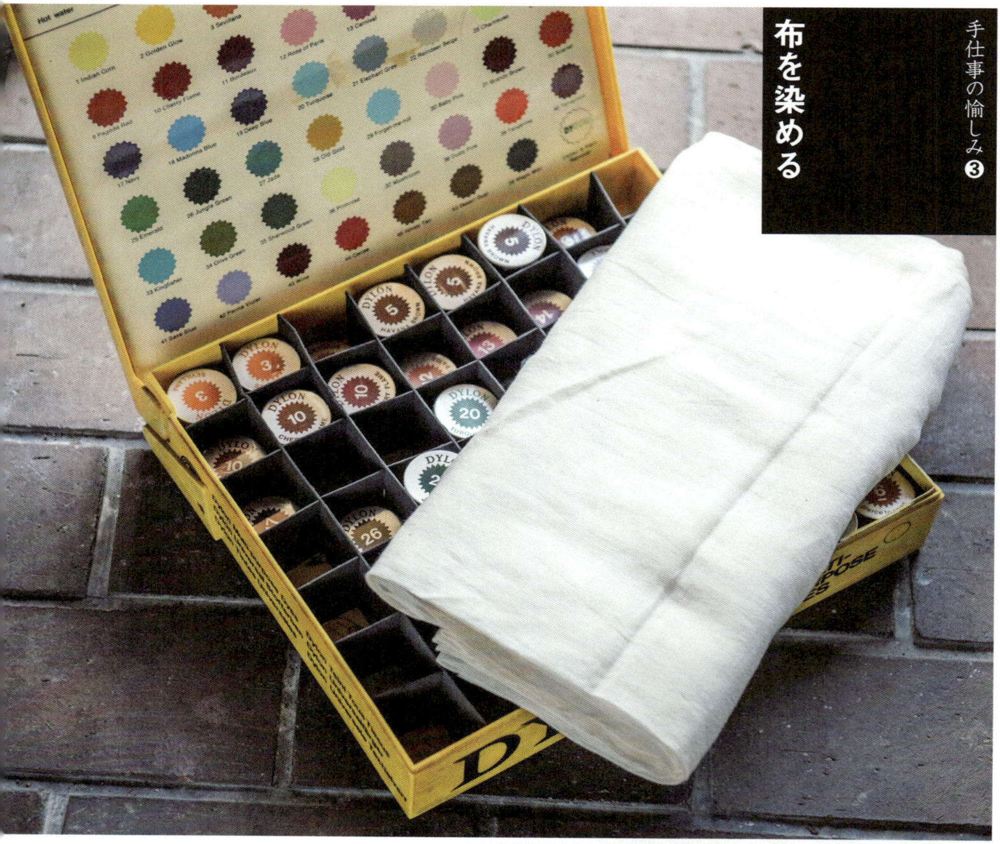

いつからこんなに布を染めることに夢中になったのかしら。結婚して、古くなったシーツを染めたのが最初かな。手芸店で売られている小さく丸い缶の可愛らしさにひかれて染料を求め、オレンジ色に。それを紐状にして小型の機械にかけ、小さな洗面所のマットにしたときの

夏になるとリビングのカーテンを、青色に染めた手製のガーゼのものに替えます。涼やかな印象になります。

感激は忘れられません。

それからは子どもたちのTシャツ、シューズなど、白いものはすべて染めたくて家族には嫌われました。シーチングを1反買いして家族中の布団カバーをいろいろな色で染めたものです。こたつカバーももちろんのこと、自分好みの色を出せるのが楽しくて。

それからは、玉ねぎの皮、よもぎ、ミントなど、自己流で。いまはガーゼ染めが毎年の行事となり、小さく切って首に巻いたり、使わないグラスを包んで戸棚にしまったり。家中のレース代わりのカーテンや間仕切りも、ガーゼに頼りきっています。透け感と風に乗る様子は、さも柔らかそうなのですが、ギャザーをたっぷりにすると、重厚さも出しつつ、けっして手で裂けない頑固さも生まれます。そんなガーゼですが、私の好みをとてもよく聞いてくれます。難しいことは何もなく、ステンレスの鍋でぐつぐつ煮て、塩で色止め。台所にあるものでできるのも、手軽でうれしいことのひとつです。

ガーゼをオレンジ色に染める

1 ステンレス(またはホウロウ)製の染物専用鍋に湯を入れ、染料を入れて溶かし、色止めの塩を入れる。

2 染めるガーゼは、いったんノリを洗い落としてから、水けを絞る。

3 ゆっくりと鍋に入れて、20分ほど火をとおす。

4 染め上がったら取り出して水洗いして、水けを絞り、陰干ししたらでき上がり。

＊染料メーカーによって染め方は違いますので、説明書に沿って染めてください。

終わりに

旧暦がぴったり当てはまる信州の四季。

暮らしの隅々に手を添えて、自分の思うまま、気ままな私の生活を『天然生活』が一冊にまとめてくれました。

サラリーマンの夫とともに歩んできた、小さな暮らしです。誰もが、すぐ手元に引き寄せることができるものばかりです。

身近であるからこそ、前向きで元気の出る、私なりの「暮らしの調味料」の数々が、皆さまにも手にしていただける調味料となりますように。

横山タカ子

料理研究家。
長野県大町市生まれ、長野市在住。
長年、保存食を中心とした長野の食文化を研究すべく
各地に赴き、料理名人から教わる。
長野県の特徴でもある、
野菜をたっぷりと使った保存食は
「適塩」で作り、季節の食材は手をかけすぎず、
素材を生かしてシンプルに食べることを信条とする。
地元の農作物を広める活動にも尽力。
大の着物好きでもある。

撮影／本間 寛、村林千賀子（P.１３２、P.１５９）
アートディレクション／山口美登利
デザイン／堀江久実（山口デザイン事務所）
校正／鳥光信子
編集／八幡眞梨子

信州四季暮らし

発行日　２０１９年10月30日　初版第1刷発行
　　　　２０２５年1月30日　第2刷発行

著者／横山タカ子
発行者／秋尾弘史
発行所／株式会社 扶桑社
〒１０５-８０７０ 東京都港区海岸１-２-２０ 汐留ビルディング
☎０３-５８４３-８５８３（編集）
☎０３-５８４３-８１４３（メールセンター）
www.fusosha.co.jp

印刷・製本／大日本印刷株式会社

本書は２０１８年3月に地球丸より刊行されたものを復刊したものです。
本書に掲載されているデータは、２０１４年12月25日現在のものです。

Printed in Japan
ＩＳＢＮ９７８-４-５９４-０８３５３-３